大家心理館

# 鄭石岩作品集

## 親職與教育 4

大眾心理館
鄭石岩作品集 親職與教育 4
身教
涓涓身教，善盡親職

作者——鄭石岩
執行主編——林淑慎
美術設計——唐壽南
發行人——王榮文
出版發行——遠流出版事業股份有限公司
100臺北市南昌路二段81號6樓
郵撥／0189456-1
電話／2392-6899　傳真／2392-6658
法律顧問——董安丹律師
著作權顧問——蕭雄淋律師
□2007年3月16日　二版一刷
□2013年3月16日　二版四刷
行政院新聞局局版臺業字第1295號
售價新台幣240元（缺頁或破損的書，請寄回更換）

ISBN 978-957-32-6012-7
ylib 遠流博識網
http://www.ylib.com　E-mail: ylib@ylib.com

# 身教

## 涓涓身教，善盡親職

鄭石岩／著

總序

# 我的創作歷程

鄭石岩

寫作是我生涯中的一個枝椏，隨緣長出的根芽，卻開出許多花朵，結成一串累累的果子。

我寫作的著眼點，是想透過理論與實務的結合，闡釋現代人生活適應之道，提倡正確的教育觀念和方法，幫助每個人心智成長。透過東西文化的融合，尋找美好人生的線索。我細心的觀察、體驗和研究，繼而流露於筆端，寫出這些作品。書中有隨緣觀察的心得，有實務經驗的發現，有理論的引用，也有對現實生活的回應。在忙碌的工作和生活中，我採取細水長流，每天做一點，積少成多。

從第一本作品出版到現在，已經寫了四十幾本書。這些書都與禪佛學、教育、親職、心靈、諮商與輔導有關。寫作題材從艱深的禪學、唯識及心靈課題，到日常生活的調適和心智成長，都保持深入淺出、人人能懂的風格。艱澀冗長的理論不易被理解，特化作活潑實用的知識，使讀者在閱讀時，容易共鳴、領會、受用。因此，這些書都有不錯的評價和讀者的喜愛。

每當演講或學術討論會後，或在機場、車站等公共場所時，總是有讀者朋友向我招呼，表達受惠於這些著作。他們告訴我「你的書陪伴我度過人生最困難的歲月」，或說「我是讀你的書長大茁壯的」。身為一個作者，最大的感和安慰，就在這些真誠的回應上：歡喜看到這些書在國內外及中國大陸，對現代人心靈生活的提升，發揮了影響力。

多年來持續寫作的心願，是為研究、發現及傳遞現代人生活與工作適應的知識和智慧。所以當遠流規劃在【大眾心理館】裡開闢【鄭石岩作品集】，期望能更有效服務讀者的需要，並囑我寫序時，心中真有無比的喜悅。

我在三十九歲之前，從來沒有想過要筆耕寫作。除了學術論文發表之外，沒想過要從事創作。一九八三年的一場登山意外，不慎跌落山谷，脊椎嚴重受創，下半身麻痺，面臨殘障不良於行的危機。那時病假治傷，不能上班，不多久，情緒掉到谷底，憂鬱沮喪化作滿面愁容。

秀真一直非常耐心地陪伴我，聽我傾訴憂慮和不安。有一天傍晚，她以佛門同修的立場警惕我說：「先生！你學的是心理諮商，從小就修持佛法；你懂得如何助人，也常常在各地演講。現在自己碰到難題，卻用不出來。看來你能講給別人聽，自己卻不受用。」

我聽完她的警語，心中有些慚愧，也有些省悟。我默然沉思良久。我知道必須接納現實，去面對眼前的困境。當晚九時許，我對秀真說：「我已了然於心，即使未來不良於行，也要坐在輪椅上，繼續我的教育和弘化工作，活得開心，活得有意義才行。」

她好奇的問道：「那就太好了！你準備怎麼做呢？」我堅定的回答：「我決心寫作，就從現在開始。請你為我取下參閱的書籍，準備需要的紙筆，以及一塊家裡現成的棋盤作墊板。」

當天短短的對話，卻從無助絕望的困境，看到新的意義和希望。我期許自己，把東方的禪佛學和西方的心理學結合起來，變成生活的智慧；鼓勵自己，把學過的理論和累積的實務經驗融合在一起，成為活潑實用的生活新知，分享給廣大的讀者。

邊研究邊寫作，邊修持邊療傷，健康慢慢有了轉機，能回復上班工作。歷經兩年的煎熬，傷勢大部分康復，寫作卻成為業餘的愛好。從一九八五年出版第一本書開始，所有著作都經秀真校對，並給予許多建議和指教。有她的支持，一起分享作品的內容，而使寫作變得更有趣。

住院治療期間，老友王榮文先生，遠流出版公司的董事長，到醫院探視。我送給他一本佛學的演講稿，本意是希望他也能學佛，沒想到過了幾天，他卻到醫院告訴我：「我要出版這本書。」

我驚訝地說：「那是佛學講義，你把講義當書來出，屆時賣不出去，你會虧本的。這樣我心不安，不行的。」

他說：「那麼就請你把它寫成大家喜歡讀的書，反正我要出版。」

就這樣允諾稿約，經過修改增補，《清心與自在》於焉出版，而且很快暢銷起來。因為那是第一本融合佛學與心理學的創作，受到好評殊多。爾後的每一本書，都針對一個現實的主題，紮根在心理、佛學和教育的學術領域，活化應用於現實生活。

禪佛學自一九八五年開始，在學術界和企業界，逐漸蔚成風氣，形成管理心理學的一部分，企業界更提倡禪式管理、禪的個人修持，都與這一系列的書籍出版有關。

後來我將關注焦點轉移到教育和親職，相關作品提醒為師為親者應注意到心理健康、學生輔導、情緒教育等，對教育界也產生廣泛的影響。教師的愛被視為是一種能力，親職技巧受到更多重視，我的書符合了大家的需要，並受到肯定，例如《覺・教導的智慧》一書就獲頒行政院新聞局金鼎獎。

在實務工作中，我發現心靈成長和勵志的知識，對每一個人都非常重要。於是我著手寫了好幾本這方面的作品，許多家長把這些書帶進家庭，促進親子間的和諧，並幫助年輕人心智成長；許多大學生和初踏進社會的新鮮人，都是這些書的讀者。許多民間團體和讀書會，也推薦閱讀這些作品。

唯識學是佛學中的心理學，我發現它是華人社會中很好的諮商心理學。不過原典艱澀難懂，於是我著手整理和解釋，融會心理學的知識，變成一套唯識心理學系列。此外，禪與諮商輔導亦有密切的關係，我把它整理為禪式諮商，兼具理論基礎和實用價值，對於現代人的憂鬱、焦慮和暴力，有良好的對治效果。目前禪與唯識，在心理諮商與輔導的應用面，不只台灣和大陸在蓬勃發展，全世界華人社會也用得普遍。每年我要在國內外，作許多場次的研習和演講，正是這個趨勢的寫照。

二十年來我在寫作上的靈感和素材源源不絕，是因為關心現代人生活的適應問題和心理健康。我從事心理諮商的研究和實務工作超過三十年，個案從兒童青少年到青壯年及老年都有；類別包括心理調適、生涯、婚姻諮商等，我也參與臨終諮商及安寧病房的推工作。對於人類心靈生活的興趣，源自個人的關心；當我晤談的個案越多，對心理和心靈的調適，領會也越深。

我的生涯歷練相當豐富。年少時家境窮困，為了謀生而打工務農，當過建築工、水果販、小批發商、大批發商。經濟能力稍好，才有機會念大學。後來我當過中學老師，在大學任教多年，擔任過簡任公務員，也負責主管全國各級學校訓輔工作多年，實務上有許多的磨練。

我很感恩母親，從小鼓勵我上進，教我去做生意營生。她在我七歲時，就帶我入佛門學佛，讓我有機會接觸佛法，接近諸山長老和高僧，打下良好的佛學根柢。我也很感恩許多長輩，給我機會參與國家科技推工作長達十餘年，從而了解社會、經濟、文化和心理特質，是個人心靈生活的關鍵因素。如果我觀察個案的眼光稍稍開闊一些，助人的技巧稍微靈活一點，都是因為這些歷練所賜。在寫作時，每一本書的視野，也變得寬博和活潑實用。

現在我已過耳順之年，但還是對於二十餘年前受重傷所發的心願，珍惜和努力不已。希望在有生之年，還有更多精神力從事這方面的研究和寫作。寫作、助人及以書度人，是我生命意義中很重要的一部分，我會法喜充滿地繼續工作下去。

# 身教

## 目錄

新版序

# 典範學習的重要性

身教是透過典範學習，示範引導孩子心智成長，培養其品格和做人做事的態度。越早注意身教，提供良好的典範學習，基礎打得越深厚，對孩子的人生助益越大。

心理學的研究指出，孩子早年的經驗，對品格、心智發展和生活態度，有著決定性影響。多年來我指導過許多年輕父母，透過身教來教導孩子，幫助其腦力發展，學習活潑、創意和健康的態度，他們的孩子無論在學業、品行和生活適應上，都有良好的表現。這些經過典範學習的孩子，最大的已經完成研究所教育，甚至成家立業，正踏上光明的前程。

一九九八年《身教》這本書出版，我把觀察到的身教原理和方法，獻給有心的讀者，更多的家庭和父母透過閱讀和實踐，成功的教導子女。我最常聽到的回響是：這本書不但給了我教育子女的有效方法，同時也指導我成功地做人做事。

有一次，在教學研討會上，一位國小老師告訴我：「許多父母一味憂心忡忡叮嚀孩子用功，以危機意識來督促孩子，他們的成績也許進步了，但其悲觀的思考模式，卻不知不覺烙印在孩子的心理世界。於是孩子變得不安、害怕失敗、緊張和焦慮。《身教》這本書讓我看清學習歷程的複雜性，同時也讓我了解教育的本與末；這本書讓我領會到提供孩子好的身教，才不會捨本逐末。」

另一位家長，在親職講座會上說：「我是忙碌的上班族，在工作崗位上，自認積極負責，待人禮貌和氣，人際溝通良好；但是這些優點孩子都看不到，也沒學到。因為我回到家裡，就鬆懈失察，疲倦讓我變得慵懶、情緒暴躁，談話失去耐性，孩子卻把這些當做典範來學習。這本書帶給我深度的反省，我決心改正，提醒自己在家裡要提供好的身教。我學習愉快地與孩子相處交談，耐心地指導孩子功課和做人做事。這不但改善了家庭生活品質，把孩子帶得活潑上進，快樂向學，而我自己的情緒健康也得到改善。」

身教所示範的典範，是透過圖像豐富的歷程，先拷貝圖像，慢慢回顧、咀嚼和吸收，然後廣泛地應用。身教兼具模仿和認同的心理歷程，所以拷貝下來的影像，會烙印得既深且久。父母師長在孩子面前，表現得積極樂觀，孩子就跟著樂觀上進；反之，若表現得無助和沮喪，孩子就學會憂鬱和悲愁。

孩子的品格、態度、價值觀、情緒習慣、人際溝通，主要是透過身教學習來的，甚至連主動學習、好奇試探和思考求證的態度等等，大部分的原型，也從身教典範中習得。因此，除了父母師長之外，其所接觸的保母、家人、同學和夥伴，都在提供身教的素材。

從實務工作中我觀察到，樂觀上進的青少年，他們從家庭、學校和社會中所吸收的典範特質是：

1. 樂觀的思考模式。
2. 好奇和主動學習的習慣。
3. 友愛和穩定的情緒。
4. 勤奮踏實與責任感。

5. 成功的經驗和鼓勵。

6. 人際溝通良好。

就家庭生活而言，父母提供這些優質的身教，與其學歷、社經地位並沒有絕對關係。身教表現良好的父母之中有高學歷者，同樣也有只受過基礎教育者，由此可知良好的身教來自做人做事的正確態度和品格教養。

反之，觀察適應困難和行為偏差的青少年，他們從家庭、社會和夥伴身上所學到的是錯誤的示範，包括：

1. 悲觀的態度和思考模式。

2. 價值觀的偏差如過度功利或競爭導向。

3. 負面情緒如憤怒、焦慮和憂鬱。

4. 缺乏主動學習的興趣。

5. 人際衝突、敵意和憤世嫉俗。

6.以批評和抨擊代替溝通。

教養的方式和成長的環境，亦是孩子典範學習的來源。學習型的家庭氛圍對孩子的心智成長，有決定性的幫助。它們的重要特質是：

1.親密的連結和互相支持肯定，建立安全和諧與快樂學習的機制。
2.藉著遊戲和活動，奠定創意、主動和活潑的性格。
3.結合樂趣與練習，以啓迪孩子的才華。
4.從積極和成功經驗中，發展信心和快樂。
5.透過信心和快樂，接納並珍愛自己，發展完整的自我認知。

此外，整個社會環境和教育觀念的改變，也對孩子的典範學習造成影響。眼前我們的青少年，由於照顧太多，寵愛過頭，以致一味讀書升學而現實生活體驗不足，虛擬的觀念多而責任的承擔不夠。於是新世代的年輕人，有較多被照顧的性格傾向。他們的優點是有自信、有理想、重視自由和創意，勇於追求興趣和享樂。但在面對現實生活時，有不少人面臨以下困難：

1. 重視自由，但自制的能力不足。
2. 疏於了解和面對自己的觀察。
3. 抱著夢想但未能踏實逐夢。
4. 自我中心的態度，不易了解別人。
5. 挫折容忍力不足。
6. 過度偏重發財和物質主義。

於是心理學家們開始討論新一代青少年的性格，例如聖地牙哥州立大學的珍・特吉博士（Jean M. Twenge）就深入研究這些被稱為Me世代（Generation Me）的新人類。台灣的新世代還有其他特質，包括經常換工作，不懂得累積經驗，急於成名，溝通能力不足，團隊合作不夠，對公共事務的冷漠。這些現象正是我們社會的寫照！新一代從社會表象中拷貝這些特質，當做典範學習的素材，這是值得注意的教育大事。

要提升教育的品質，才能培養良好的人才。目前當務之急是重視家庭、學校和社會的典範學習，無論在政治、經濟、文化和教育等方面，都要重視身教的教化方式。培養成材的新一代，《身教》這本書提供豐富的身教原理與方法，解析和實例並重，是為人父母和師長者最好的參考。

原序

# 涓涓身教，善盡親職

身教是教育的根本，是心智發展的基礎，同時也是個人命運的搖籃。支配每一個人未來發展的因素，大部分來自身教。在你的記憶裡，留下最鮮明的圖案，影響你最深，甚至是揮之不去的想法，大部分也來自身教。良好的身教，給人取之不盡用之不竭的智慧；錯誤和卑劣的身教，往往帶給人無知和痛苦。

給孩子身教的人不以父母親為限，它包括家庭的成員、師長、保母和同儕好友。當然，傳記和書籍故事中的主角，也會產生替代身教的效果。身教是在不知不覺中進行的，對孩子的影響既深且遠。它透過認同的方式學習，是先拷貝再慢慢消化汲取。所以身教的內容會根深柢固地影響孩子的思想、行為、態度和抉擇時的判斷。

長期從事心理諮商和輔導工作，我觀察過無數個案；發現每一個個案的心中，都有一張藍圖。它就是案主思考、判斷和抉擇的原型；他用這張藍圖去比對，作為思考和抉擇的參照。這張基本藍圖，大部分的內容來自個人早期的經驗，而這些經驗大部分是父母師長的身教結果。

所謂身教是指父母師長等人，在孩子生活中直接互動的經驗內容。它不是語言或文字的學習，而是從行為風範、生活態度和環境適應的種種表現中，直接拷貝得來。這些直接拷貝的內容，往往成為個人思考、態度、價值判斷的依據。所以，身教對一個人的影響極為深遠。

許多生活適應有問題的孩子，總可以追蹤到身教殘留的不利因素。有些父母受過高等教育，事業有成，待人和善，人格也很正常，看不出有什麼不好的身教。但仔細討論下去，問題的核心即刻出現，最常出現問題的原因不外：

1. 父母太忙，沒有時間陪孩子，把孩子交給欠缺知識、生活習慣不好或情緒不穩的傭人；許多家庭的孩子，就在這不利的環境下出問題。

2. 父母工作太累，回到家裡就要休息，或窩在沙發裡看電視，或打不起精神的模樣；結果，不好的身教教壞了孩子，使孩子失去振作和面對問題的習慣。

3.愛之深責之切，使孩子的信心和自尊受到損壞；他們很少主動帶領孩子一起觀察、學習、歌詠、舞蹈和逗趣，孩子失去正向發展的主動性。當孩子得不到肯定，從而發展其主動性時，偏差行為就漸漸出現，而且接二連三發生。

4.要求孩子學好，自己卻言行不一；孩子所學到的不是大人所要求的，而是學習大人表現出來的惡習，例如壞脾氣、謾罵、動粗、不守法等等。

5.只重視讀書，不重視生活；孩子的生活經驗貧乏，長大之後，遇到人際關係、感情、情緒等問題時，缺乏回應的能力。

6.太重視功利，強調利害關係，不重視生活的溫馨和喜悅；這對孩子性情的陶冶和情緒的發展，往往造成致命的傷害。

我觀察到許多身教上的錯誤，當然也發現許多正確的身教。現在把這些發現一一加以整理，提出來供教育孩子的父母和教師作為參考。更提醒他們在教導之中，學習避免錯誤，勇於改正，才能作正確的身教。而正確的身教，不是原則性的提示所能辦得到的，必須從許多例子和實施步驟中，直接汲取技巧和經驗，才能用得出來。本書是基於這個觀點寫出來的。

這本書有很多是經驗之談，它有理論、實務和生活經驗，讀起來比較受用親切。我認為教育孩子的目標不是要把他們教成超人或偉人，而是教導他們做一個正常有用的人。因此，父母師長要把野心擺開，要把得失放下，照書中的建議去做，就會有收穫。

此外，讀者不必要求自己做到百分之百，這會造成壓力和心理不安。人總會有錯，知道錯誤，能避免再犯就可以。孩子不會因為成長上的偶然錯誤而學壞；也不會因偶然一次感動而學好。教導孩子的重點是平常的身教，如果你是真心地愛，陪他一起成長，孩子就會走出光明的未來。

這本書是為幫助讀者陪伴孩子成長而寫的，相信你會從中得到許多啟發和成長。身教的重點是實踐，知而不行不會有成效。大人怎麼做，孩子就怎麼學，這個因果法則，是顛撲不破的真理。

# 1 身教的影響力

家——是孩子的大地，
愛——似春日的煦陽。
身教的雨露，
帶來了欣喜洋洋。
自從學會春風化雨神仙術，
大地變做沃野，
日日綻現春陽。

教育的任務是要引導孩子心智發展，好讓他們走上光明的人生。因此，如何將光明的火把傳遞給孩子，是教育工作的重心。這個重責大任，就落在家庭、學校和社會上。尤其是童年以前，父母和師長的身教，對孩子的人格成長和處世態度，有著決定性的影響。樂觀進取的父母師長，培養樂觀進取的孩子；主動學習的家庭，能薰陶自動好學的孩子。指導孩子走向光明之路，不是用語言教得來的，它必須透過身教才辦得到。

良好的身教就是愛，是孩子心智成長的素材；越早注意身教，對孩子的人格成長越有利。因此，愛不能蹉跎，愛必須及時。我從事心理諮商多年的經驗，發現行為偏差的青少年，其錯誤行為是從周遭大人那兒學來的。從家庭訪視中發現，生活適應有困難的人，同樣是受周邊人物的影響所致。

為人父母師長，要在生活中，把正確的態度、價值觀念、處事能力和思考方式教給孩子。孩子就能透過認同作用，把你的行誼經驗，直接拷貝到腦子裡，他們的優良品行和才華就會自然表現出來。有人以為那是天生的氣質，其實不然，人類的行為絕大部分源自學習，只有少部分來自本能的反應或反射。而學習的主要來源是身教。

身教包括父母師長的言行舉止自不待言，其實除了要做好的榜樣和示範之外，教育子女的態度，也是一種身教。有些父母親，他們的言行和為人都很好，但對孩子小時候的錯誤，未能及時予以糾正，縱容其不當行為，以致長大以後，缺乏規矩，任性頑劣。其實，縱容不當行為的本身，就是錯誤的身教。有些父母親問我：「我們為人良善，認真工作，並沒有不好的身教，為什麼孩子會如此桀驁不馴呢？」答案總是在他們的回憶中找到。孩子小的時候，如果不教會他生活的規矩，培養好的習慣，長大後不但不懂規矩，父母親縱容的身教，更助長他恣意放肆。

## 成長的表率

為了解釋身教，教育學者常講這則生動的故事：有一隻螃蟹媽媽，看著子女斜著走路，指責好幾次還是改不過來，於是親自示範給子女看。子女看了卻說：「媽媽！你還不是一樣歪著走。」是的！錯誤的身教，當然造成子女錯誤的行為。不過，覺察自己的錯誤身教，並不是件容易的事。因為那些錯誤因習慣而成自然，父母若不肯反省覺察，就會在不知不覺中把孩子教錯。

有些人不守法紀，無視於交通規則，隨處亂丟垃圾，甚至連生活也沒有章法。他們在孩子面前，表現出不當行為，孩子拷貝了這些壞習慣，長大之後也一樣漫無章法，不守規矩，甚至形成偏差行為，而誤觸法網。依我的觀察，在雜亂無章的家庭長大的孩子，往往缺乏生活規範，缺乏待人接物的禮貌，甚至連思考的條理性都不足。

父母和教師的喜怒哀樂、價值判斷，以及對事物的態度，都在行動中表露無遺，孩子就直接從中學習過來。它的特質是拷貝，而不僅是模仿而已。孩子很容易認同父母師長，認同的心理歷程是全盤接受，毫不自覺地把它拷貝過來；至於模仿則是經過有意識的學習才獲得的。父母和教師的身教，透過認同和模仿來進行，但前者顯然要比後者占的份量還多。

教育子女誠如胡適所說：「你想怎麼收穫，就先怎麼栽。」我深信這個道理。它很符合因果觀念。大人如果缺乏公義、好逸惡勞、貪圖利益、彼此欠缺互愛、不肯學習成長，那麼下一代會是如何，顯然可以預見。因此，要想有好的教育結果，就得先具備好的身教。

希望子女聰明、有主動解決問題的能力，父母就要在生活之中具備觀察、比較、歸納和思考判斷的習慣，從而培養孩子們邏輯思考的能力、經驗檢證的態度和道德判斷的思辨。

希望孩子快樂，就得學習樂觀，用開朗的態度去面對挫折、看待失敗的價值。師長對落敗的孩子要說，「失敗只是一時，明天我們可以爭取勝利，別氣餒！」對於消沉的孩子，不是一味責備，而是告訴他，「某方面也許我們輸給別人，但有許多方面你會比別人好；找出自己的優點，克服自己的弱點，但不要為失敗消沉。」父母的積極樂觀表率，將會是孩子生活中的太陽。當父母能以平常心面對挫折，鼓勵自己克服困難，而不自怨自艾，他們的孩子當然是樂觀的。

希望子女誠懇踏實，你就得具足誠實、認真和負責的態度，同時鼓勵孩子，一起在生活中表現這種好特質。「孩子！來，我幫你把這工藝作品做得更精緻。我知道你辦得到。」師長不是在一旁看，而是親切且劍及履及地示範與協助。

希望孩子有愛心，不是用口頭來說教，而是自己能身體力行。有人以為買寵物給孩子飼養就能培養愛心，結果全家人都懶得照料寵物，便把牠丟了當流浪狗、流浪貓等等，孩子不但沒有學習到愛，倒是學習了不負責任和冷漠。荀子所謂：「蓬生麻中不扶而直，白沙在涅與之俱黑。」

家庭生活應該是有動有靜的。動中表現了創造、學習、成長和親情，它是活潑進取的一面；靜中表現出安寧、休息和孕育新的活力，是溫馨安靜的一面。這樣的家庭身教，培養出進取、有活力的孩子，同時也教會孩子蓄勁潛藏。這種特質，絕非言教得來，必須透過家庭生活中的身教才辦得到。我看到有些父母，在家裡靜不下來，看電視、聽音響、打牌等等，直到深夜不歇息；孩子等著大人溫暖的談話，大人則麻將打得火熱。那些靜不下來的孩子，未來的生活適應能力，乃至心理健康，都會大有問題。

其次，家庭出現人際傾軋的角力，對孩子所造成的負面身教尤其大。他們自小學會太多心機，而且安全感受到威脅。這些孩子在人格統整上，都可能發生困難，邊緣型人格或偏差行為就是這樣培養出來的。

父母及家人生活的表現，對孩子的影響殊多。有些人以揶揄或嚇唬孩子當有趣，有些人習慣性責備孩子，甚至任意體罰（如隨手捏孩子鼻子、扭耳朵等），孩子一方面學到不當的行為，另一方面心理受到創傷，後果堪慮。

## 言教不如身教

師長不盡孝，想要用課本來教「孝」是辦不到的。如果夫婦不互愛互重，卻希望子女能有好婚姻，而對即將結婚的子女用言語說教，充其量只是大人的自我安慰，對子女婚姻的助益極為有限。人的價值觀念和生活態度，是從父母師長處學來的，但學習的對象是他們良好的身教。

心理學的研究指出：我們的感情和態度，百分之七靠措辭來表達，百分之三十八靠聲音來表達，百分之五十五由表情和肢體語言來表達。顯然表情和行動是傳達感情和態度的主體，它就是身教的重要部分。父母師長平常的言行舉止、待人接物的態度對孩子的影響既深且遠，即使到了大學階段，教師的研究態度和價值觀念，仍然有著決定性的影響力。

許多在學術界有成就的人，在回憶錄中都會提到他們有幸受教於名師門下，而重點是這些師長的觀念和態度啟發了他們。心理學家皮亞傑（Jean Piaget）研究發現學習的要領是：

1. 學習自然科學，要從對物的性質中直接了解把握。
2. 社會人際能力要在與人相處中互相回饋學習。
3. 推理是從數理和邏輯思考中習得。
4. 學習任何東西，身教所傳達的要比言教來得多；學生互相學習所獲得的，也比教師教的多。

一位有影響力的名師，能在他的身教中，同時教給學生以上幾種學習。他們劍及履及，學生如沐春風，亦步亦趨。

有必要順便一提的是，許多父母一味要他們的子女讀書，不肯讓孩子交朋友，禁止其出遊或利用週末假日到學校幫忙作壁報、整理教室或實驗室。他們只想讓子女到補習班補習，到才藝教室學習單調、沒什麼創意的玩藝兒；他們疏忽了人與人之間，能激發出驚人的相互啟發。

許多有成就的人，都很懷念他們年輕時所得到的一些身教啟示。就拿美國已逝的科學奇才費曼（Richard P. Feynman）來說，他懷念自己的父親，在週末時帶他到樹林裡散步，講解樹林裡的生態妙趣給他聽。父親告訴他記誦事物的名稱並不是真正的知識，重要的是認識它是什麼？他們一起觀察鳥，討論、研究鳥兒為什麼一停下來，就要啄自己的羽毛，最後他們發現鳥兒不是為了整理羽毛。父親向他解釋，「鳥的羽毛會分泌蛋白質，蝨子吃這些蛋白質的薄片維生。蝨子的足部又有一種蠟質的東西，一種更小的蝨子就吃它。小蝨子排泄消化不全的醣類，就滋長了細菌。」他長大之後，發現父親所講的細節未必全對，但原則是對的，特別是父親給他的求知典範，表現在觀察植物、人的社會行為，乃至各種生活中的事物上。這樣的身教是生動活潑，是懷疑和求證，是觀察真理的最佳歷程。

我在閱讀費曼所寫的《你管別人怎麼想》（*What Do You Care What Other People Think?*，中譯本天下文化出版）一書時，觸動我回想自己是怎麼作身教的。我覺得自己堪稱是稱職的父親，因為我和太太也採取類似的教法，所以現在看起來，孩子們在心智發展上都很活潑。父母的身教，如果是往學習、愛與成長的方向發展，其結果不僅帶來豐富的收穫，對子女心智發展有很大的幫助，而且能帶來喜樂和甜美的情趣。

## 學齡前的重要性

孩子在學齡前的心智發展，尤其值得重視。因為這幾年所學到的東西，就像樹苗的主幹一樣，它們能影響孩子一輩子，特別是在情緒和情感方面的影響力更大。倘若這段時間，給予了不良的身教，例如大人經常出現衝突、暴躁、打罵和冷漠的態度，孩子的人格發展就會受到影響。心理學家們大都支持，孩子學齡前人格雛形已經完成大半，最大的影響力就是身教。

請注意，除了父母之外，保母、幼稚園的老師，經常與孩子在一起的人和玩伴，都是身教的示範者。這些人都在影響孩子。學齡前的孩子，幾乎完全透過身教來學習，所以他們的影響力大得驚人，父母師長不可不注意。布魯納（Jerome Bruner）研究一千多位兒童的心智發展，他發現：

1.每一種能力的發展都有一定的曲線。

2.兒童到了四歲已達未來成熟智力的一半。

3.兒童心智的成長度，決定未來發展曲線的仰角和高度。

4.前四年與以後的十三年，其成長度大致相等。

5.兒童六歲入學時，已達到將來十七歲時智能的三分之二；六歲到十七歲的成長，依前四歲的成長度而定。

顯然學齡前的身教是重要的。但這並非意謂著以後就可以疏忽，因為孩子心智發展有其階段性，在發展至成為成熟的個體之前，身教一直都扮演著決定性的影響力。

## 集體的身教

身教這種無聲勝有聲的教誨，即使在職場、企業機構，乃至軍隊或民間團體，都扮演著決定性的影響力。管理階層的身教、辦公室的氣氛、部隊的統馭和紀律，都奠基於此。

整體社會的教化，是來自群眾的身教。它構成社會性格，表現出共同的習俗和文化，我們不妨把這稱為集體的身教。如果一個社會所表現出來的風俗，是功利貪婪的，是冷漠不能互愛的，那麼它所教育出來的人也必然是貪腐自私的。目前我們的社會正面臨著這個問題。

大家不妨省察一下，電視、電影和文學創作，能給大眾的教化是什麼？報章、雜誌、廣播和網路上呈現哪些資訊和內容？政治及公眾人物的行誼又是什麼？周遭所發生的炎涼世態又透露出什麼？當民主的態度沒有彰顯，守法的習慣未能建立，做人應有的責任與愛心不能化作共同身教時，教育又怎麼會辦得好呢？

每個人都是社會的一員，脫離不了社會，並受制約於社會。既然你我都卸免不了責任，所以都要盡一份身教的力量，才能移風易俗，讓自己和袍澤都生活得幸福。

一位朋友告訴我，幾年前他到德國做生意，為了設置辦公室，向當地的廠商訂購了辦公櫥櫃。當廠商派人把全套傢具拼裝起來時，發現櫃子不夠平穩，施工人員便自動要求再載運回去整修。這位朋友告訴他說，「差一點點沒有關係。」該員工卻說，「我們公司的紀律就是商品未符合品質不能販售給顧客，請同意讓我們運回，換一套新的給閣下。」這位朋友很感動，他說，「這種事如果發生在國內，你就是想換，商家也未必同意。」接著對我說，「這就是你所謂的無聲勝有聲的教誨。這件事為我上了寶貴的一課。」

我們要重視身教，不只對孩子示範，更要對社會負起責任，做良好的集體身教，去完成社會的教化。請注意！這件事情是涉及「因果」的，如果不重視身教，小則影響個人的子女成長、家庭幸福和事業，大則影響整個社會。當社會性格扭曲時，個人還有好過的日子嗎？

在教育歷程中，身教的影響力最大。言教當然也重要，但它的用途只是說明事理和指導學習，而能引發一個人上進、主動學習和正確價值判斷的根源是身教，是在師長的整體表現上。為了子女的教育，必須重視自己的身教，更要創造社會的集體身教，荀子所謂：「居必擇鄉，遊必就士，所以防邪僻而近中正也。」這裡所謂的擇鄉，原意是選擇好的生長環境；現在我們也要努力創造好的社會環境，使孩子們能得到良好的教化。

# 2 身教從何著手

學會了親子交融，
乍現親情萬種。
知曉了身教殷勤，
發現更多眉目傳情。
疼愛還須堅持，
教誡必須及時，
涓涓父母心，
點滴匯入孩子成長的春池。

身教來自師長日常的行誼、平時的生活態度、所尊崇的生活價值和信仰；當然，也來自師長的愛、學習和工作的表現。一個有理想、有正確價值觀念和良好工作紀律的人，能給孩子無價的心靈生活寶藏。它被認同、吸收和統整為孩子的活力和創意。更重要的是，孩子從中學習如何掌握人生的舵輪；他們知所取捨，在挫敗中能穩得住自己，而不致慌亂。

你想把孩子教成什麼樣呢？只一味考慮他是否順利升學，而讓他的人格世界像油條一樣空空洞洞？抑或以其健全人格的培養為重呢？我知道大部分人的回答是兩者兼具。這是正確的，但是依我的觀察，能實際做到的人並不多。

## 學習的典範

大部分的人對子女的教育是很功利的，所以提供的身教就不夠健全。在工作經驗中，我發現許多家庭表現得很矛盾；父母親很少學習或者表現出主動觀察、歸納、尋找解決問題的行動，他們從學校畢業之後就不再讀書或進修。大人忙著自己的交際和娛樂，孩子怎麼可能從他們的身教中習得正確的學習態度呢？

家庭是提供子女心智成長的沃土，它與貧富無關，與職業無涉，重要的是基本身教。不過父母親只要稍不留意，就會提供貧瘠的成長環境給子女，因為身教是很容易被忽視的。在學校裡，師長的身教亦然，教師若不能以身作則，怎麼可能在言、思、行各方面教好學生呢？《禮記・學記篇》中說：「凡學之道嚴師為難，師嚴而後道尊，道尊而後民知敬學。」這裡所謂的師嚴，不是指管理嚴格，而是指教師應具備足以讓人學習的典範，它表現於身教、言教和生活的示範上。

我家附近有一位高中生，他念的是第一志願的學校，父親是一位拾荒的老人，而他每天要幫忙父親整理撿拾回來的紙箱或可供回收的資源。有一天，我看到他們父子拉推著一車堆得高高滿滿的廢紙，吃力地爬著二十度左右的上坡，我悄悄湊過去幫忙推上斜坡，只聽到父親對孩子說：

「孩兒啊！是我們加把勁的時候！」孩子低著頭使盡全力，親切有力地回應他父親說：「老爸！已加足馬力全速前進。」

推上斜坡，我又悄悄走開。看著父子的勤勞和合作無間，表現出生命的力與美。看著那一幕結合親子的汗水與生命力的圖畫，我轉頭對內子秀真說：「這輛拾荒的人力車，雖然笨拙緩慢，卻在他們父子的心靈世界裡，創造了傑出的生命力。」我想他們父子已經培養了互愛、支持和忍辛耐苦的精神力量，它既是愛又是智慧。這是不是父親的影響力呢？我想答案是肯定的。

為人師表，究竟用什麼力量來達到身教的效果呢？當然是健康的人格。前面我已談過，孩子往往從大人身上直接拷貝其行誼，所以，當師長有著健康的人格，具備良好的生活行誼時，其身教就有了正向影響。反之，不良的言行卻為孩子種下壞的因子。因此，提出幾個身教的重要因素，供父母和師長平常留意。

## 愛與成長

首先你要有愛心才行。愛是沒有條件的，無論孩子的資質如何，性向怎樣，都不能改變對孩子的愛和真誠。佛洛姆（Erich Fromm）在他所著《愛的藝術》（*The Art of Loving*，中譯本志文出版）中說，愛是一種給予，目的在幫助對方發展成為他自己，一個統整能自我實現的自己。因此，他認為愛包含了四個因素：關懷對方、為對方負起責任、在協助時要尊重對方、愛人的人必須有豐富的知識和能力去了解對方。（對於愛的闡釋，可以參見《父母之愛》與《教師的大愛》等書〔皆由遠流出版〕。）

教育愛的本質是幫助孩子成長，是依照孩子現有的條件，協助他發展成他自己，而不是發展成合我意、如我願望的人（那不是教育，而是控制或占有）。教育愛也不能成為另有目的的手段，在求學階段，師長如果有下列的看法，就會失去教育愛：

1. 為了升學或表現好的團體成績，強迫學業成績不好的孩子轉學或轉班。
2. 不肯接受中輟復學的學生，或拒絕接納不幸遭遇的學生。
3. 對文化刺激不足、社經地位較低的孩子予以漠視。
4. 對於參加課後補習者多加愛護，未參加補習者予以差別待遇。
5. 對於成績差和犯錯的孩子反應冷漠或譏笑。

6.情緒不穩定、是非分不清楚，令學生無所適從。

7.偏袒不公，疏於管教學生，使教室失去應有的積極性與和諧。

8.不了解學生，不能協助學生解決問題。

9.不知進修，不能給孩子新的資訊和豐富的知識。

教育的目的是人，要根據孩子的能力、性向和興趣來協助他們成長。如果不把孩子當目的，頭上安頭，另有意圖，愛就會被扭曲，孩子不但得不到協助，更得不到愛。父母親若存有以下這些觀念，孩子會失去真正的愛：

1.視孩子的成績、所讀的學校和科系，比孩子更重要。

2.把學業和才藝成就看得比人格成長優先。

3.用野心來看待孩子的未來，希望他完成自己沒有完成的美夢。

4.拿孩子的成就跟別人比較。

5. 認為成就比生活的本身重要，把前途和金錢或權力混為一談。

誠如教育學家杜威（John Dewey）所說，教育本身沒有目的，孩子是目的。父母要把眼光放在孩子身上；每一個孩子都是獨一無二的天才，都要實現自己，走出他們自己的亮麗人生。父母要看重他們的優點，多加欣賞和鼓勵，他們才會有信心和自尊，勇敢地走出成功的人生。

## 責任和使命感

其次，身教來自父母師長的使命感。這是對生命意義的堅持，他知道教化是傳宗接代、延續生命的大事；教給孩子必備的能力，是人生不可逃避的責任。人一旦醒覺到這項教育子女的重責大任時，他會請教別人，學習教育的新知和技巧。同樣的，一位負責的教師，也必謹守專業能力和為人師長的尊嚴，盡心盡力教導學生。

教育的責任是生命實現的一部分。它不是付錢讓孩子上學而已，而是要積極介入教導，讓孩子從生活中成長，在家庭教育中學會待人接物，更重要的是透過親情，把孩子教得更具人道的襟懷。

肯負責任的師長，必然能教出有責任感的孩子。生活注定要面對諸多困難，承受許多挫折，只有責任心才能使人積極重振，只有責任心才能使人心甘情願，努力活下去。責任使人堅持、刻苦耐勞、獲得成功，因此，責任是強韌性格的基本素質。依我的觀察，肯負責、肯行動的人，大都能保持樂觀和活力。

有一個星期天，我信步踏進一所國中校園，看到一群孩子正在排演英語話劇。他們告訴我，為了爭取最高榮譽，所以決定到校練習。我稱讚他們的榮譽感。我問：「星期天還來練習，不會抱怨嗎？」

一位答說：「有興趣就不會抱怨。」

另一位說：「老師都沒休息，我們還抱怨什麼？」

又有人接著說：「我們慶幸有一位負責、風趣、跟大家打成一片的老師。」

責任就好像神仙的魔棒，要什麼就會有什麼。大人表現負責任的態度，孩子就有責任感；師長在日常生活之中，如果表現放棄責任的行為，對孩子往往產生毀滅性的後果。人的偏差行為，乃至心理疾病的發生，往往與放棄責任有關。人總是把責任推諉給別人時，自己才會偷懶；為過錯找一個代罪羔羊，才會有不知悔改的現象；不肯面對現實、承擔苦難，才會有自甘墮落或自殺的行為。

我發現有些父母，在平常生活中互相指責，推卸責任，結果孩子跟他們一模一樣。到了十五、六歲，孩子變得更不負責，生活缺乏規範，上學遲到早退，用錢無度，惹是生非。當他們帶著孩子來諮商時，嘴裡仍然掛著「孩子！你要有責任感！」但責任不是用嘴巴說的，必須靠著身教才行。我深知《禮記．學記篇》所說：「記問之學，不足以為人師。」於是在家庭諮商中，必須引導全家一起學習責任的實踐。我發現有許多孩子，在生活中缺乏責任感的實踐和學習，以致心理健康程度極不理想。

一對沮喪的夫妻來看我，「老師，我們經常吵架、賭氣，已經快要受不了這種婚姻生活。」經過幾次交談，我漸漸發現兩人都嬌生慣養，絕少負責的經驗。先生抱怨太太不負責、東西亂丟、不肯做家事，然後，借題發揮，吵架、賭氣、爭論。我曾分別與他們交談：

「妳不喜歡收拾家務，寧可讓它零亂，這樣覺得愉快嗎？」

「我喜歡乾淨，但我沒有時間。」

「那麼妳為什麼寧可花一整晚來吵架賭氣呢？」

「我不得已才跟他吵鬧賭氣！他喜歡整潔，為什麼他不做？」

「妳是說吵架和賭氣，比一起合作把家事做好，要來得有價值嗎？」

「不是。」

「那麼何不採取行動呢？」

「老師，我真的不想做家事。」

這種聽起來很傻的想法，就是來自於缺乏建立責任感的習慣。你可不要小看這種事，大部分家裡的不愉快和紛爭，是來自於不肯負起責任。

總之，你想教孩子負起責任，就得實際去做，並帶孩子一起做，欣賞孩子的參與和努力，最後責任感就會成為孩子的榮譽和習慣。請注意，責任感若不是從小培養起，其人格不容易健全發展。因為它是人格統整和主動學習的動力。如果一個人常有以下想法，他的人格發展不免有缺陷，在生活適應上必會發生困難：

1. 經常把自己的過錯推諉給別人。
2. 對於失敗，習慣將它解釋為「那是超過我能力所及」。
3. 經常以「那是別人引起的」來看自己周遭的事。
4. 用疾病或藉口來避開責任，且無心改善所遭遇的現狀。

如果師長經常出現這些行為，將會是最壞的身教，同時也會帶領人步向墮落、偏差和心理疾病的方向。

## 安全感與信心

其三是安全感與信心。子女的安全感和信心，是從父母那裡拷貝過來的。父母具有足夠的安全感，情緒穩定、不畏首畏尾，孩子比較能養成敢於嘗試、主動打開僵局的勇氣。父母親越勇於嘗試新的學習，接受新的挑戰，孩子也越有勇氣面對變遷的社會。安全感的身教，比任何身教的影響都大，因為它直接關係到孩子安全感的培育。

師長越表現出擔憂和不安，孩子也就越表現出懼怕。父母親因缺乏安全感而過度保護子女，無形中也剝奪了孩子主動嘗試和冒險的勇氣。冒險是人生必須的事，如果把它壓抑下來，將會形成一股焦慮。從實際觀察的個案中發現，安全感和主動性是分不開的。不過，冒險犯難的精神，必須配合思考和解決問題的能力同時進行。父母能思考、有步驟地處理生活中某些困難和僵局，而獲得成功時，所發生的身教最為有效。誠如孔子所說：「臨事而懼，好謀而成。」

每一個人都有懼怕的情感或情緒。但是在有些人身上，懼怕已成為他情感的一部分，無論待人接物，都會引起懼怕和緊張；它所造成的痛苦，往往是孩子懼學症的根本因素。

父母親在孩子的心目中，代表著權威和保護者，當他們的安全感脆弱到不堪一擊時，孩子的內心就有著流離失所、不知所措的強烈不安。所以父母親不可在孩子面前打架、暴力衝突。那些鬧婚變的家庭，怨偶在孩子面前互相詆毀、怪罪等等行為，都會導致孩子嚴重的心理傷害。另一方面，父母畢竟是孩子心目中的權威，他們會無意識地拷貝父母的行為，因此，子女步上父母後塵，發生不幸婚姻的個案，也可以說是其來有自。

當然，托嬰和托兒是現代社會常見的狀況，但是如果所托非人，那麼幼兒和兒童的保母，可能把不好的身教、衝突和懼怕，透過認同與學習，而薰染給孩子。幼兒認同和模仿力特別強，其學習的對象是與他相處最多和照顧他的人。因此，托育學齡前兒童若所托非人，將發生嚴重的後果。許多高級知識份子，忙於自己的事業，長期把孩子交托給人格不夠健康的人照顧，其後果決難彌補。

認同是一種深度的學習，一經拷貝而融合到孩子的意識世界，就形成「由內而外的學習；它是先捕捉，再慢慢消化，滲透展開表現於各個方面」。認同經常以移情的方式產生，它往往是不自覺的。

幼兒或學齡前，透過認同所學習到的東西，不是用語言來傳遞，而是用印象來傳訊。它的表達工具是圖畫，並且形成牢不可破的印象，不斷延展，甚至到了成人，那些基本印象仍會出現，干擾人的思考和情緒。絕大部分的人，在夢中所出現的基本圖案是類似的，只是稍加改頭換面而已。

由於童年以前，語言和邏輯的能力尚未發展，所以孩子完全使用圖案來記憶；透過認同而直接將圖案烙印於心底，這時父母和保母的身教影響非常強烈。別以為孩子不懂事，其實成人所表現的行為、情緒、衝突、愛和親密，都會進入他們的意識世界。請注意：身教提供了必然的認同對象，你做的是什麼，他吸收的就是什麼。

除了父母、保母或家人之外，教師也是重要的認同對象。因為教師代表著另外一種權威，教師是孩子知識的來源；對於低年級的孩子，同時兼具安全感的來源，所以教師的人格特質，一樣被孩子吸收進去。我覺得教師的言行舉止，要保持一定的謹慎，因為他的職業在無形中影響人的未來。我對於那些輕率、淺薄和不敬業的教師提出警告，千萬要本著良心做一位良師，不可誤人子弟，因為我們以教師為志業。

## 模仿和示範

身教同時也是模仿和示範。模仿是在意識層面上進行，而認同是在不自覺中與權威的對象結合，讓自己就像他一樣，表現出與認同對象相同或類似的行為態度。模仿和示範分不開，孩子從父母和教師的示範中，學習所需要的種種能力。孩子的生活習慣、工作態度和人際關係，往往從師長的直接示範中學得。

師長透過講解和示範，教會孩子餐桌禮貌、待人禮儀；在工藝教室和實驗室裡，教師同樣以示範的方式，教會孩子做分類工作和實驗。當然，穿著、髮型、流行的俏皮語言，也都可以從模仿中學得。模仿是有意去學習的，是意識層面的；許多工具性的思考、能力和行動，是透過模仿學來的。

兒童在待人接物、態度和價值觀念的學習，有透過認同學習，有透過模仿學習，亦有兩者兼具者。不過，兒童和青少年，亟須從父母和教師學習的重要特質是：

1. 積極與勤奮。

2. 主動嘗試與思考。
3. 好奇與創意。
4. 人際關係與合作。
5. 生命意義與信仰。

做為一位師長，要能堅持身教，否則只能稱做「知解之徒」，教出來的學生經不起磨練。唐朝時，有一位禪宗大師叫百丈和尚，他教出了很多傑出的弟子，可算是禪宗史上一朵奪目的奇葩。百丈禪師平生勤勞吃苦，他的聖潔生活和靈活的教學方式，啟發每一位弟子。他每天勤勞工作，直到高齡晚年亦不改其風範。有一次，弟子不忍心讓他工作，把農具藏起來，強迫他休息，他卻說：

「我無德，怎麼能讓人代勞呢？」

他找不到農具，於是決定不吃飯。弟子們問他為什麼，他說：

「一日不作，一日不食。」

這個典範成為禪宗史上廣為流傳的事蹟，百丈和尚建立了禪規，現在佛門的許多律儀，大抵師法百丈禪規。我相信他的風範是可以作為現代人學習的榜樣。

現代年輕人樂於安逸，慣於嬉戲，缺乏從生活中磨練，以養成樂觀堅韌的性格。就一般的觀察，年輕人未能養成負責堅毅的習慣，放縱和脆弱的行為就顯露出來。相對地，其情緒發展亦不健康。

堅毅的性格不是來自嚴格管教，而是來自身教典範。我們的社會經濟快速發展，富裕的一代錯把安逸的生活當作是愛，盲目升學當作教育目標，功利貪婪蔚成一時風尚。每天看到的新聞，不是爾虞我詐，便是黑金暴力；這個社會所提供的典範不是高潔的品行，而是低俗的愚昧。這些社會身教，將是動盪不安之源，也是種種心理違常的根本因素。

教師義不容辭，必須肩負起教化的責任。學校是社會進步的動力，同時也是防範世風頹墮的最後一道牆。如今，教師應當樹立良好的身教典範，以實踐韓愈所謂：「障百川而東之，迴狂瀾於既倒。」

身教的典範，在於培養兒童和青少年的健全人格，而師長所應提供的身教就在於他們的矜持和高潔亮行。它就像一盞明燈，指引迷途者歸航；像一面鏡子，糾正學子的面容和衣冠。當然，它的最後目標，將會是心靈的啟發和陶冶。

# 3 從積極勤奮做起

田野小徑旁，咯咯母雞帶小雞，
一步一覓食，個個多勤奮。
林野珍木巔，啾啁小鳥帶雛禽，
牠叫一聲，牠學一聲，
聲聲婉轉。
幸福家庭裡，親子笑顏交談，
他說一句，他回一句，
句句溫馨。

家人積極勤奮，孩子跟著振作勤勉；師長樂觀進取，學生也受到薰陶。不過，積極勤奮必須表現在與孩子共同生活和學習上。如果大人只顧著勤奮做自己的事，不去理會關心孩子，那麼冷漠就成為身教的內容；孩子不但沒有學會你的勤奮，反而學會冷漠。

許多父母抱怨，自己振作勤奮，孩子卻懶散好閒。原因是父母未能引導孩子參與自己的工作，或忙於工作而疏忽照顧孩子。進化論大師達爾文（Charles Darwin）有一次正專心研究時，他年幼的孩子跑來告訴他：「爸爸！沒有人陪我玩，只有我一個人。」達爾文雖然忙著工作，但還是停了下來，對孩子說：「來！我們一起玩。」他放下手邊的事，陪孩子一起玩耍。我深信達爾文是對的，他既表現出勤奮的一面，又不會冷落孩子，這時孩子最能從中學習他的身教。

## 健康來自勤奮

積極勤奮是健康人生必備的能力和態度，也是成功生活的要件。從許多個案中發現，消極怠惰的人容易罹患憂鬱症，他們既缺乏克服困難的毅力，對於承受困難也沒有勇氣。積極勤奮的人比較樂觀，有較好的挫折容忍力，他們不懷憂到日暮，也不忿怒到日落。因為勤奮的人相信自己能靠努力挽回頹勢，能靠努力得到成功。這種人經常懷抱著希望和熱心。

師長能表現出積極勤奮，並與孩子保持良好的互動，分享勤奮的喜悅和豐收，孩子就能學會這種能力。我的母親總是把積極勤奮當作庭訓，她做給我們看，也說給我們聽：「沒有不勞而獲的事，沒有游手好閒的喜樂。只有勤奮的人，才能心懷豐收的喜悅。」

有些父母親工作一整天，回到家已經累了。他們窩在沙發上看電視，睏煩地呆坐在那兒，以為自己忙了一整天，應該休息放鬆。當然，這是天經地義的事。但很矛盾的事發生了：孩子從他身上所學到的身教是懶洋洋的躺在沙發上，不肯振作起來。

常有父母親抱怨地說：「我辛辛苦苦的工作，提供孩子良好的環境，他們竟然不知上進，每天渾渾噩噩過日子。」我很同情他們的遭遇，他們為孩子付出的精神，沒有得到應有的結果。其實，問題關鍵就在於孩子沒有從父母的實際勞動和工作中得到身教。因此我建議：

1. 孩子在國小畢業之前，應擇期安排他到你工作的地方，分享你工作的狀況。
2. 也許你的工作很辛苦，但千萬不要在孩子面前抱怨；你要教給他的是你能勝任愉快和有信心。
3. 下班回家，要保持家庭的喜樂；要帶孩子一起做家事，非不得已，不宜使喚孩子做，而自己卻在一旁休息，那不容易得到勤奮的身教效果。
4. 只要是正當的工作，父母不宜在孩子面前評價它的高下貴賤，以避免孩子將來養成眼高手低，不肯從基礎做起的觀念。

教師對學生的身教也是一樣，我認為教師不能以教科書的知識為局限，應增進多方面的知識和能力，引導學生學習思考、探索和判斷。教師教學的內容若只有考卷上的題目，只有書本上的知識，那麼師生無異過著非創造性的生活。

教師研究和進修的進取心，在校園裡負責勤奮的日常表現，是直接影響孩子生活態度的重要因素。學生的分數與成績，只能看出一時的表現，不能看出往後學習和成長的動力。教師若能給予勤奮的積極身教，做給孩子看，跟孩子一起分享學習和成長的樂趣，孩子會得到受用無盡的寶藏。我的觀察是：勤於治學的教師，必有一群亦步亦趨的學生；樂於追求新知的態度，是在不自覺中，從孜孜不倦的教師那兒傳承。

已故企業家辜振甫強調勤奮，比喻就像鵝在游水一樣，看起來是悠閒的，但兩隻腳卻划個不停。師長對孩子的身教，也要表現這種精神才行：在優游的態度中不忘勤奮，在積極振作中不失悠閒。

談到積極振作的人生，星雲大師有四個字很管用：改、受、敢、思。

改是改正自己的錯誤和缺點。改進做事的方法，讓工作更有效率；改正待人接物的魯莽，得以增進人際關係。改革代表進步，它能帶來新的機運。

受的意思是受命，願意承受責任，接受考驗。肯負責任的人，能自強不息，完成預訂的目標。他們能積小勝為大勝，信心較強，心理健康的狀況亦較好。

敢是指勇於嘗試，有膽識去冒險。這樣的人機會較多，歷練也比較豐富。成功的人生建立在不膽怯上，膽怯代表著無能與焦慮；試想，一個優柔寡斷、畏首畏尾的人，怎麼會有成功的人生呢？

思的意思是肯用心，思考解決問題的辦法，肯找資料、做實驗，尋找正確答案。

人若具備改、受、敢、思四個態度，就是一個積極勤奮的人。師長的身教，應以這四個要素為主調，表現於日常生活之中，孩子自然學會如何走光明成功的人生。父母親肯堅持這四種修行，光明智慧自然普照這個家庭。以下就這四點加以闡釋，如何有效實踐身教。

## 改：不怕錯的習慣

首先，不怕錯和勇於認錯的人才是勤奮。師長對於自己的失誤和過錯，坦然承認，決心改正，就能給孩子正面的示範。他不必掩飾或隱瞞過錯，因為錯誤為學習和成長的必然過程；師長樂於改正，孩子也能從善如流。檢討錯誤和反省能力是相輔相成的，如果父母親能在生活和行事中，自然地覺察反省，表現改正錯誤的態度，孩子也能如此。

一位父親看到孩子經常寫錯別字，雖然他只針對錯誤指正，沒有責備、沒有批評和評價，但錯誤還是不斷出現。於是父親說：

「孩子！老爸偶爾也會寫錯別字，不必為寫錯別字擔憂，只要你肯改，沒有把握的字肯查字典，就會使錯誤降到最少。我曾經把老師指正過的錯別字，作成一張勘誤表，貼在書架上，經常看它；遇有新的錯誤就往上填寫，後來錯別字就不再出現。」

孩子聽取父親的經驗，也為自己作了一張勘誤表。往後整整一年之間只發現二十幾個錯誤。

其實人會犯的錯誤並不多，問題在於你是否肯改正它。你的生活習慣是否懶散，用過的器物、穿過的衣裳、讀過的書籍是否會亂丟，或者甩成一堆、窩成一團，這都是懶散在作怪。父母親自己能避免錯誤，勇於改正，孩子也能建立好的整潔習慣。改正錯誤的身教要領是：

1. 承認錯誤是學習過程中必然的現象，重點是怎麼找到錯誤，而不是怎麼隱瞞錯誤。

2. 改正錯誤就只有改正錯誤，不應加添批評和鄙視的評價；評價往往使人退縮，失去認錯的勇氣。

3. 從發現錯誤到改正錯誤，要有一套具體的考核計畫，欠缺考核則容易半途而廢。

4. 改正錯誤獲致成功的，要給予適當的讚美或欣賞，這能使正確的行為牢固而不易遺忘。

培養適當改正錯誤的習慣，是建立勤奮生活態度的起點。一般而言，失去勤奮的動力，往往與懼怕失敗、不敢面對錯誤等因素有關。國小的學生，如果他的作業經常被老師打╳，師長又沒有及時幫助他改正錯誤，只是一味地責備，那麼孩子不但學習進度跟不上，面對失敗的勇氣也被斲喪。不明理的父母親，看到孩子不及格的考卷時，自然會興起無名火或對孩子感到失望，於是產生有害的對話：

「你考了幾分？你說！」父親憤怒地指責孩子。孩子低著頭不敢吭一聲。於是父親更生氣了。

「你現在才二年級就考這種成績，將來五、六年級教材更難，你要考幾分回來？」父親更激動起來，「我看！二年級考五十分，三年級難度增加就考四十分，依此類推，到了六年級你要考個位數的分數回來呀！」

這位父親的身教對孩子有害，因為他沒有教導孩子改正錯誤，更嚴重的是，還傷害了孩子的自信和自尊。這是一種沒有成長的責備，是沒有學習價值的對話，甚至是對孩子的一種損辱。

懂得改正錯誤的父母就不一樣了。當念高一的孩子拿了一張不及格的數學考卷回家時，母親的反應是：「沒考好，你一定很難過。」

「才難過？簡直差死了。老媽！這學期的總成績會死得很慘，你可要有心理準備喔！」

母親對孩子說：「我知道你現在不好受，不過這種經驗大家都有。我念高中時考過比你還爛的成績，這種事是難免的，別太介意，問題是不會的那些要學會，錯誤的地方要改正過來。我認為改正過來就是滿分，不必為成績太計較。」

「孩子！有一個觀念你必須要有，」母親接著說，「你要感謝老師，他出的考卷能有效地鑑別出你的錯誤和盲點，考試的目的就是幫助你找出疑難、為你抓臭蟲，要心存感謝。」於是孩子在沒有心理負擔的情況下，很快地補強學會那失分的部分。

## 受：發展責任感

其次，是接受責任和挑戰的身教。依我從事心理諮商的經驗發現，越是不肯負責的人，偏差行為和適應困難的症狀越多。許多研究指出：心理疾病往往是放棄責任後的產物。因此，師長在生活之中必須教導孩子責任感。

責任有兩種涵義。第一是能為自己的生活負起該負的責任，它具有主動積極的作為。個人隨著成長的階段，所負的責任相對遞增。對於勇於負責的人，他們熱中於應有的工作和負擔，學習解決問題的能力，同時心甘情願地去忍受責任所加諸的勞苦。這樣的人顯得堅韌有毅力，他們不但在身心上比較健康，在情緒生活上也表現得穩定和喜樂。

能為自己負起責任的孩子，必先有親長對他表示負起責任，那就是愛。孩子若在童年乃至青少年之前，感受到自己是被拋棄的，那麼被拋棄感將成為往後不能負起責任的動力性心理因素。人因為被愛而後能愛人，因為溫暖、親密、保護等被愛的感受，才能發展出能愛人的特質。所以親長能否善盡愛的責任，成為孩子未來是否能為自己負起責任的重要關鍵。於是愛成為一個人是否能勤奮努力的基本因素。不過愛不是無微不至的保護，除了基本的身心照顧之外，必須鼓勵孩子去嘗試，去做一些他能做的事，負起他能肩負的責任，從而培養解決問題的能力、信心和接受挑戰的勇氣。這必須透過實際生活中的身教，才能培養孩子的責任感。對於這一點有以下建議：

1.責任感來自身教，言語解說不足以引發一個人負責的行動。

2.責任發軔於自愛，受到愛護、尊重和鼓勵的人，比較容易發展出責任感。

3.責任的背後是能力，如果師長不培養孩子解決問題的能力，它會被自卑的退卻所掩沒。

4.信心和責任是一體的兩面，當孩子失去信心時，主動負責的行為也就自動消失。

5.為自己負責是一種習慣，師長不但要作示範，也要帶動孩子跟著一起做。尤其是透過合作的方式，最能培養負責的行動。

責任的第二個涵義是自愛和愛人。依我的觀察，自愛的人比較能愛人。一個自私自利的人並非自愛，而是自我防衛，他充滿著不安和敵意，不能與人和諧相處；他的人際關係不佳，不肯與人合作，嚴重缺乏相屬感和親密感。這樣的人顯得孤獨、無助和不快樂，其生命的潛能也不容易開展。因此，自私自利的人不能稱為自愛，當然他也不可能愛人。

從個案的分析中發現，兒童或青少年若接受充分的愛，就會發展出愛人和負責任的行為。佛洛伊德（Sigmund Freud）曾說：「接受過充分的愛，才能發展成一位巨人。」你能提供孩子什麼物質生活是次要的事，讓他受到重視，受到關懷和尊重，才是愛護他的核心問題。我非常懷念母親給我的愛，在我青少年以前，家境是窮困的，但我覺得母親很愛我、保護我，給我許多溫馨的支持和鼓勵。

我念國小時學業成績很差，老師所說的、教的和指導的我都聽不懂。這種現象一直到國小五年級才漸漸好轉，最主要的原因是國語聽不太懂，當然，學業成績也就低落，每次考試總是後面幾名。鄉下人在工作之餘，或者閒暇的時候，總免不了一起聊天，大伙兒談天說地，從耕作到收成，從家常到誰家孩子成績好。我最怕大人談孩子們的學業成績，因為我的成績實在見不得人。幸運的是母親一直為我保持尊嚴，從未把我的爛成績抖出來。村人問起母親：

「你家孩子考幾分，第幾名？」

「囝仔人只要打拚就好，考幾分、第幾名不要緊。」我的母親任人怎麼追問，還是這麼一句話，我在場她這麼說，我不在場她也這麼說。她愛護我，給我尊嚴和面子，也為我留下一片日後努力考好成績的信心和空間。

母親指責或教訓我，總是在家裡進行，甚至箠楚體罰一番，都在所難免。但我很服氣她的教訓和責打，因為我深知她對我的愛。我母親的愛心，給了我信心和奮發努力的機會，後來我也懂得用同樣的方法去關愛人。

受到關愛的經驗是很溫暖的，得到足夠愛的人必然能愛別人，也懂得雪中送炭，給別人溫暖和照顧。當然，我所謂的愛是有能力的愛，是能引導人親密、相屬、開展心智成長的愛。這種愛就像雨露滋潤花草樹木，令其各自成長，各自開花結果。俗語說：「受人滴水，湧泉以報。」這句話是在教誡受到愛的人，要懂得感激報恩，知所回饋；但也蘊含另一層意義：受到愛的人，通常也能愛人，也能湧泉以回饋社會。

有很多孩子沒有受到真正的愛。最近我到幾個縣市，訪問了二十餘所國民中學，每到一校，就和十幾個孩子閒聊。我發現在家吃早餐的孩子很少，中午吃父母親做的飯盒的人也不多。我問他們：

「你們喜歡父母親準備的飯盒呢？還是學校訂的便當？」他們的回答是：

「喜歡媽媽做的飯。」

「那為什麼不帶飯盒呢？」

「他們太忙，沒時間做飯盒。」

有八成的學生喜歡媽媽做的飯盒，偶爾訂便當吃。幾乎所有的孩子都喜歡父母能為他們準備早餐，但能吃到豐盛早餐的孩子不到一半。

我了解孩子們偶爾想換口味，在外頭吃早餐、訂中餐的便當，但是家裡能提供正常豐富的早餐和飯盒，是孩子們的最愛。

我調查過國中的孩子，絕大部分一週有三天以上課後去補習，因此他們的晚餐也在外頭解決。這樣的孩子得不到父母身教的愛，得不到家庭生活中溫馨的人際支持，怎能培養出未來對家庭的愛與責任呢？

現代的父母親，不是不愛子女，而是看錯了對象，也表錯了情。他們把對子女的期待錯當成愛，錯把功利的目標當作親情。有些父母把念中小學的孩子送到國外讀書，讓孩子孤零零在他鄉，過著寄人籬下的生活。這群缺愛的孩子，成人之後仍然存留著某些性格上的弱點。父母以期望來代替真愛，有些孩子在高中階段就出現一些心理症狀，他們最普遍的現象就是失去責任感。

不幸的事很容易惡性循環。當青少年受到過大期望而逃避責任時，卻同時遭遇到師長的責備，於是自我功能得不到開展，責備和期待的壓力更打擊弱不禁風的自信和自尊，這是造成青少年自我功能開始衰退或崩盤的原因，問題行為和症狀也就越來越嚴重。

這時，身為師長的人必須注意到身教，亦即師長須能對孩子負起建設性的責任，了解他，幫助他解決問題。在這個節骨眼上，師長需要耐性、需要向專家學習、需要和孩子同甘共苦，而不是要求孩子作出期望的結果。父母可能有很大的挫折感，心裡感到嚴重的沮喪，但一定要記住，要努力掃除心中的陰霾，相信孩子一定能度過難關。孩子能否振作起來，要靠父母師長的愛和信心，要看他們能否含辛茹苦，帶動孩子學習負責而定。曾子說：「士不可以不弘毅，任重而道遠。」師長在身教中所表現的弘毅和愛心，是喚起青少年振作、引導孩子負責的唯一之路。如果在這時候，父母師長對孩子表示放棄或絕望，孩子就可能沉淪下去。

培養孩子弘毅負責，是教育子女積極振奮的良方。孩子一旦學會它，就會主動成長，自發自動，在現實生活中走出亮麗的人生。

## 敢：允許嘗試的機會

你允許孩子嘗試他想做的事情嗎？我們越是把孩子看管得死死的，限制他嘗試新的事物，不容許他離開自己的視野，甚至在意見表達上予以否定，則孩子越顯得被動、思考僵化和不活潑。

父母親應放手讓孩子嘗試一些正當的事物，只要安全無虞，注意防範危險，協助孩子作妥事前的準備，就能讓孩子去嘗試。讓孩子實際嘗試才是真正的學習，光靠語言講述或在書本中去認知，學不到紮實的真功夫。孔子說：「學而不思則罔，思而不學則殆。」學習是在做中進行的，無論學的是自然科學、社會科學、技藝，乃至日常的實用生活知能，都得從主動嘗試中學習。越勇於實踐，越能把知與行結合在一起，並發展出思考、判斷和應變能力。

我容許孩子去嘗試許多正當的事。大兒子要進小學那年的暑假，我問他：「你敢自己去外婆家嗎？」我們平常就教他怎麼搭車，怎麼過馬路、辨識紅綠燈及應變。「我敢！我會照爸爸媽媽平時帶我們到外婆家那樣，搭公共汽車去。」交通安全的習慣，則是在平常已經教會的。這時，弟弟在一旁說：「我也要去，我能跟哥哥一起上外婆家。」經過商量，兩兄弟很高興地出發了。他們一出門，我就在後頭偷偷的跟，察看他們的行動，如怎麼過馬路、候車、上車等等。

兩個孩子一上車，我便叫了一部計程車跟隨在後，到下車的地方觀察他們的行動。當然，我也很不放心，只有跟著他們才心安。我從頭到尾跟一趟，證實孩子們做得正確，然後搶先一步回家，若無其事地等著他們回來。兄弟兩人一進門，成功的喜悅和自信溢於言表，兩人抬頭挺胸，他們證明了自己的能幹，也嘗到勇於嘗試的喜樂。

這件事情之後，他們開始自己去重慶南路的書店購書；國小三年級時，就能在星期三的下午，到車站買次日母親到台中上班的車票（早班車必須預購車票，才有把握準時到達目的地上班）。我非常欣賞孩子們發展出主動嘗試以解決問題的生活態度。到了高中時，電腦是自己買零件拼裝的，家電也是他們貨比三家買回來的，甚至到了大學，更能主動找老師作研究等等。這樣的經驗，我很樂意跟讀者分享。

我第一次讓孩子嘗試自己去外婆家時，覺得很不安；但仔細看過孩子們的表現，就有了信心。不過，師長一定要先教會孩子基本能力，才能讓他們去嘗試。一定有人會認為：孩子做事不牢靠，把事情弄砸了反而麻煩，不如自己動手好些。抱持著這種想法的人，其子女就失去學習獨立處事的機會。

那位載著我跟蹤孩子去外婆家的司機先生，便對我說：「先生！你何必多此一舉呢？把孩子統統叫上來，不是很省事嗎？我第一次看到這麼多事的爸爸。」我答說：「我在放長線釣大魚，把孩子的主動性格培養起來，就是一本萬利。他們學會自動自發，我就可以鳴琴垂拱了。」

回首前塵往事，我們勇於嘗試的學習作業，已然看到有了成果。

這社會變遷快速，不論是經濟生活、文化活動、生產技術等等，無時無刻不在改變。大人若缺乏主動嘗試的態度，孩子就染上被動不前的習慣。你能主動學習新知，孩子就跟著好學；經常留意社會動態，孩子可以從你的言行中得到自動學習的身教。

我發現勇於嘗試的人，心胸較寬，視野較大，性情也較穩定。他們因為敢嘗試，而累積較多生活經驗，自我功能較好，解決問題的能力也會增強。有些大學生一味讀書，只在意學業成績，很少參與學校社團活動，便顯得器度狹隘，甚至還帶點兒神經質。也有些年輕人，生活經驗太缺乏，雖然他們都受過高等教育，但那種拘謹、膽怯和待人處世的生澀，使他失去發揮潛能和拓展前途的先機。

許多父母以為孩子只要肯讀書就行，要他們讀明星學校、拿高分的成績、選擇熱門的學系，以為這是對孩子最大的關愛。但太多的個案告訴我，這些孩子若未能在兒童、青少年時期，及時領受勇於嘗試的機會，就會失去應有的英氣——一種有信心、有膽識、主動面對困難和挑戰的勇氣。

孔子說：「君子不器。」一個人不要淪為像器物一樣只有一種用途，不被一種框框套住，失去創造應變的能力。因此，師長必須鼓勵孩子勇於嘗試，學習更多有意義、有價值的知識。但是，學會這種英氣的關鍵，就在於師長的身教。

## 思：思考的訓練

思考能力是生活適應的要件，它前導個人解決問題，克服困難，從而發展愉悅的性情。思考是一種習慣，其方式和步驟是可以學習的，而學習的對象主要是人。孩子看到師長肯動腦筋解決問題，他很快就學會動腦的習慣。當父母親修理傢具，處理室內清潔或排除電器故障時，孩子總是眼睜睜地觀看；父母自己能思考和動手，孩子就耳濡目染而變得能幹。我發現帶著孩子動手動腦，越早開始越好，在合作和愉快的氣氛中進行，效果最好。

跟孩子一起動手修理簡單的傢具家電，不但讓孩子學會手巧，更能發展空間關係和抽象思考的能力。許多物理方面的基本知識，必須在童年時代學習，最普遍的學習方式是動手動腦、從中建立對自然世界的思考基模。動腦是學習來的，心理學家塔巴（Hilda Taba）對思考的教育提出他的看法：

1. 思考是可以教的。
2. 思考是個人對資料的主動交流。
3. 思考的過程是一套有系統的規範。

因此，師長在教導孩子動腦動手時，要注意觀察，發現訣竅，考慮各種可能的因素，想出解決問題的方法。孩子跟著大人學習分辨眼前的現象，歸納思考它的原因和回應之道，最後去嘗試是否可行。

孩子學習思考的機會，是大人所給予的。一起合作動手動腦的次數越多，孩子思考能力發展越好；反之，越少帶動孩子思考解決問題，思考能力也就遲滯不前。許多人以為讀書可以使人聰明，其實只有紙筆式的學習思考，並不能為將來寬闊的生活世界，奠下解決問題的有利基礎；只有白紙黑字的學習，不足以啟發有用的思考。

心理學家發現，每天縱容孩子看電視，無形中減少了實際動手動腦的時間，這些孩子在智能的發展上，呈現不良的狀況。兩組智力發展相當的孩子，看電視過多的一組，其智力發展有趨緩落後的現象。除此之外，過常看電視的孩子，容易變得沒有耐性，因為他們往往跳過了塔巴所謂的「思考過程」，直接想要享受結果。他們急於欲望的實現，卻無耐心去思考解決。許多人眼高手低，不肯踏實的工作，卻好高騖遠；更嚴重的是無法延緩欲望，而為非作歹。在我的實務經驗中，也證實了這些現象。

人類的主要特質是善用工具，而思考是創造工具的源頭。無論是物理的、數學的、社會的、藝術的、人際的生活範疇，沒有思考和創造就沒有文明和進步，缺乏思考的能力就難以適應變遷社會的生活。孔子說：「人無遠慮，必有近憂。」對自己的前途不知思考前瞻，就會有挫敗失業的危機；不肯用心觀察、思考周遭環境的變化，就會落得無計可施的窘境；不知未雨綢繆的人，就會在困難來時一籌莫展。

師長教育孩子思考，不是灌輸，也不是任由他自己摸索，而是在身教中示範，給他機會練習，必要時才給予指導。孔子說得好：「不憤不啟，不悱不發；舉一隅不以三隅反，則不復也。」孩子在身教的示範中引起動機和學習基本的方法，要容許他嘗試。若不是想知卻不得而知，想表達而不知如何表達，努力思考而不能觸類旁通，你就不要急於告訴他。

師長除了要教導孩子科學和社會性的思考之外，更需要培養孩子思考的態度和反省的習慣。對於這一點，儒家可能是闡述得最完整的。孔子說：「君子有九思：視思明、聽思聰；色思溫、貌思恭、言思忠；事思敬、疑思問；忿思難、見思義。」這九點可以分成四類：第一是觀察事理，一定要清楚透徹；第二是待人的態度要溫和尊重，說話要真實；第三是凡事要認真切實，有疑問、有缺失就要找出原委，設法解決；第四是要懂得學習自我控制，尤其是要保持情緒穩定，克服貪婪的態度。這些都是值得思考的重要範疇。

俗語常說：「與其給孩子魚吃，不如教他學會釣魚。」父母所要重視的教育是思考，因為有思考就有解決問題的本事，就有吃不完的魚。

孩子的思考習慣，是在父母不經意之中壓抑下來的。比如說，一位幼童津津有味地觀察一隻蟑螂時，大部分父母親會緊張地大叫起來，「別動！很髒！牠會咬人。」孩子對許多昆蟲的懼怕、無心觀察和思考，就是這樣學來的。其實，正確的教育態度是湊過去，跟孩子一起觀察，數一數幾隻腳？觀察牠們怎麼能在牆上爬行？翅膀長得怎麼樣？怎麼張開飛行等等。

我訪談過許多智力和思考都發展得很好的孩子，從他們的描述中可以得知，他們的父母親在待人接物上，就具有觀察、反省和思考的習慣，孩子的思考習慣就從日常生活中學習到。這些父母並非各個受過高等教育，有幾位只受過國民教育，職業是技術工人和木匠等，但是他們教給孩子動手動腦的習慣，促進了他們的思考能力。從我讀過的傳記中發現，豐田汽車的創辦人豐田佐吉，父親就是木匠，自己也是木匠；最近閱讀我國航業鉅子張榮發的自傳，他父親是船上的木匠；再看看美國科技奇才費曼的父親，本身就是善於思考和觀察的人。他們在日常生活中，教會了孩子思考的能力和習慣。

要教會孩子待人的禮貌，除了做給他看之外，也要教他思考；當孩子能設身處地為別人著想時，就開始知道禮讓，發展出同理心，將來人際關係也會比較好。許多父母親，在平常生活中就表現出為別人設想，言行中考慮到別人的感受和立場，孩子的感受性當然比較好。也有父母親，在言行中顯得霸道獨裁，子女也就養成無視於別人立場的惡習。校園中出現惡霸學生，通常是未學習「思考待人」；他們根本缺乏「色思溫、貌思恭、言思忠」的特質。這些孩子經常跟同學發生衝突，長大之後也會成為社會的惡霸，如果不及時予以矯正和教導，就會來不及的。

## 積極者得，消極者失

積極勤奮的生活態度，是成功人生的基本條件，它比學業成績更重要。心理學家曾經追蹤過學業成績與未來發展的關係，發現它們沒有什麼關聯；真正影響一個人走向成功之路的因素是：責任和勤奮。

積極勤奮的人表現出思考、解決問題和負責任；消極的生活態度則表現出推託、責備和逃避。我經常看到父母親責備孩子不小心打破餐具的場面，他們的消極反應是責備：

「笨手笨腳！你什麼時候才會正經。」

「不情願洗碗盤就別洗！沒有人強迫你。」

「長這麼大了，連洗碗筷都不會，真遜！」

責備或責罵並沒有教會孩子正確的工作方法和能力，只不過是給孩子一種厭惡的感覺。這種反應往往造成彼此的衝突，同時也給了孩子不當的身教。因此，正確的反應該是：

「小心別讓碎片割破手，孩子！」

「先別急！我來幫你處理碎片。」

「還好！只破了一個碗！馬上我就過來幫你忙。」

積極性的支持使人覺得溫暖，也比較願意接受父母的指導，以改正錯誤的工作習慣。

一位國小的家長告訴我，「孩子本來高高興興參加學校的舞蹈活動，他們要在校慶當天表演；可是老師教導過嚴，稍有錯誤就打罵，現在孩子連上學都不敢。」顯然這位舞蹈老師採取消極式的教法，結果孩子必定產生消極的逃避行為。

打罵的方式不能當作正常教導的手段，因為它令人產生懼怕、被動和消極性思想。用打罵逼出來的學生，將來會討厭學習，會失去主動求知的勇氣。事實告訴我們：現代是一個不斷進步的資訊社會，是一個學習的社會，如果教育出來的人缺乏主動學習的能力，怎麼能適應生存呢？

師長能給孩子最大的恩賜就是積極的身教，它能使孩子勤奮、振作、樂觀和主動學習。這些特質是孩子一輩子受用不完的財富，所以我在這裡呼籲所有的師長，請你們用積極的態度去幫助孩子改正錯誤，鼓勵他們發展責任感，容許他們主動嘗試，教導他們動手動腦。同時請你不要用打罵的方式來教學，因為打罵的方式容易帶來消極性的後果。

# 4

# 創造學習和成長的機會

一株草，一點露，
株株點點盡是光明路。
生活中體驗，
困難中淬鍊，
挫敗中考驗；
直須耐心陪，
處處成長，
潛能無限。

良好的身教無形中帶給孩子許多學習和成長的機會。就拿智力的發展來說，父母親對學齡前的孩子的心智發展影響殊大。從嬰兒出生開始，最初的兩年腦部發展快速。有些神經原在出生時已經連接器官的細胞，這是心跳、呼吸賴以維持，生命現象得以維繫的原因。但是有些功能，是後來才連接起來，隨著生活的經驗而擴增。孩子漸漸成長，經驗增加，腦細胞延伸與負責特定功能的細胞銜接。感覺器官的運作，甚至思考的運作，都與這段時間的發展有密切關係。

因此，幼兒如果在這段期間缺乏必要的經驗和活動，例如眼睛接觸不到各種不同形狀顏色的器物，沒有大人跟他談話說笑和擁抱，缺乏探索的經驗和身體的活動，孩子在智力的發展上就不完整。心理學家研究兩組幼兒，一組在白天以遊戲、歌唱來做適當的活動安排，另一組則供應補充營養，結果發現提早活動刺激的一組智商較高，甚至他們在以後的讀寫算方面能力也較好。

孩子如果被剝奪這些機會，心智發展就較差。因此，父母如果不花時間陪伴孩子玩、說話、探索、活動、使用各種感覺器官或運動，就等於坐任孩子失去成長和學習的機會。我要提醒父母：最重要的學習機會，不在學校而在學齡前；最寶貴的教育，不是文字而是豐富的經驗。

我經常看到許多父母，把孩子交給家裡的傭人或不懂得帶孩子的保母，孩子的心智成長一開始就處於不利的環境。有些保母帶孩子，只顧哄著孩子入睡；吃了睡，醒了吃，沒有逗笑，缺乏歌謠，沒有親密和正確的語言交談；至於探索和把玩器物，更因安全的理由受到極度的約束，孩子的發展當然受到限制。

因此，父母要慎選托兒人員，每天更應帶孩子回家裡過夜，保持孩子良好的成長環境和活動。這件事情必須親身去做，因為那也是一種身教。

## 在生活中學習

生活事件就是孩子的學習機會，要示範、指導和給孩子練習的機會。生活經驗中的灑掃、應對、進退等等，都是孩子心智成長的基本素材，運動、舞蹈、歌詠、數理、讀寫同等重要。父母親如果只重視學業成績，或某種單一技藝，無異限制孩子心智發展的機會。

生活事件之中，有成功有失敗，有順利有違逆，這些都是孩子成長和學習的機會。師長如果太重視成敗和成績，反而失去許多教育子女成長的機會。父母看到好成績則喜，見到錯誤或失敗則憂，沒有想到自己憂喜的情形、得失的計較和心情的不安，卻成為身教的示範，把孩子教成得失心重，「好爭強鬥勝卻輸不起」的神經質了。

其實，師長如果只著眼於孩子成績的得失，並不能教育孩子成功之道。必須針對缺失，好好指導正確的反應，孩子才能學到新的能力；同時，也學會面對失敗的正確態度。這些同時構成有意義的身教。

師長只重視成果而不重視過程，就會失去教導的機會，孩子也會錯過學習和成長的契機。我個人非常重視這個教育原則，因為責備孩子錯誤的行為，並沒有教會孩子什麼，重要的是從中爭取教導和成長的契機。我的孩子上國小一年級時，遺失了國語課本。這是一件失誤，一般人直接的反應是責備和指正，最後是想辦法為孩子弄一本書了事。事情發生的第一天晚上，我對孩子安慰地說：

「孩子！別緊張，同學可能撿到你的書，或者同學一時錯拿了你的書，明天再找找看。」我知道大人也常遺失東西，因此人必須學會忍受某些失誤。

第二天孩子借同學的書影印，只印老師當天要教的部分，他還是能安心地學習，我為這件事表示欣慰。「孩子！不如意的事難免，你仍能專心有效率的學習令我高興。」我增強孩子表現良好的一面，因為「健康的自我」是由許多優點建構起來的。

為了讓孩子學習解決問題，我和他有一段頗具意義的談話。所謂「有意義」是指運用孩子現有的經驗，去學習新的事物；是在孩子能領略的範圍，啟發他作正確的思考和行動。我說：「遺失的書找不回來了，有什麼方法可以得到一本書來用？」我要孩子自己想辦法，不是由大人替他解決問題，這是他的學習機會。他告訴我說：

「老爸！可以影印一整本。」我耐心地問：

「有沒有別的方法？」

「可以向樓下的姊姊借，她已經升二年級了。」

「還有沒有更好的方法？」

「喔！如果能買一本新的書那是最好的。」

於是我們歸納以上的談話，得到三個解決問題的策略。我叫他把三種方法排出順序，結果最屬意的方式是買一本新書，接著我們把對話移到怎麼買書上：

「國語和數學可能都是台灣書局出版的，只要你打電話問，也許就有眉目。我建議你自己打電話，問問有沒有賣這本書，價格多少，星期六下午有否開店等等。你問清楚了，老爸就帶你去買這本書。」

孩子問：「書店的電話幾號？」

「打一〇四查號台問就知道了。」我鼓勵他自己查詢。

他做到了，接著打電話到書店，果然有這本書，也問清楚價格和門市時間。孩子很高興自己完成一件心頭大事，我也及時給他讚美和鼓勵。屆時我們一起上書店，孩子從書架上找到書，自己到櫃台付帳。我們高興地解決了問題。

你千萬別以為這樣處理是自找麻煩，事實上，孩子是在這個過程中學到思考、解決問題、人際關係和自己動手的能力。教導的基本觀念是：

1.避免越俎代庖，要留給孩子學習和成長的機會。
2.透過陪伴、指導和鼓勵，協助孩子動手。
3.生活中的每一件事情，都是孩子學習的教材。
4.從生活中學到的東西，往往是最有用、最能促進心智整合、成長的素材。
5.要用耐心去換取孩子學習的歷程，不要把答案或結果直接指示給他。

孩子的學習機會其實很多，通常由於師長急於滿足孩子的需求，而讓大好的學習機會流失。我看到不少青少年基本生活能力都沒有發展出來，追根究柢是由於師長為他們做得太多。

我常常發現，補習式的教學總是把一些解題的技巧，經過教師的咀嚼之後，教給孩子記憶。這種教學的本身就提供了一種被動思考和身教，而把孩子教成嗷嗷待哺的嬰兒。正確的教學應該是在適當的演示和教導之後，採取思考、討論、小組合作探究，以培養孩子求知的方法和能力。

## 家庭大學

師長養成多讀書和多掌握資訊的習慣，在家裡或教室與孩子分享，能引發閱讀、討論和找資料的動機，必要時還可協助他們找資料。有些學校採取開架式的圖書館管理，讓孩子在圖書館裡自由翻閱、借書。有些家庭的客廳，是一個小型的圖書室，擺放著隨手取閱的雜誌和書籍。

學校沒有圖書館，家庭沒有可讀的好書，是許多孩子無法培養讀書習慣的原因。特別是大型中小學，班級數達七十幾班，甚至有超過一百班的學校，它們不可能有開架的圖書室，更不可能有教導學生查閱資料的環境。

讀書的樂趣能引發孩子求知的動機，但是與家人或同學一起討論，分享書中的知識，更使孩子樂於閱讀。師長肯讀書，願意和孩子討論分享，不但培養好的閱讀習慣，更能增進彼此的感情。《禮記・學記篇》裡說：「獨學而無友，孤陋而寡聞。」師長必須是孩子讀書求學之友。

我發現每天如果能唸一篇好文章給國小階段的孩子聽，不但表現出讀書的身教，而且能給孩子增進新知和思考的素材。內子很喜歡唸書給孩子聽，孩子睡前總要欣賞一段她唸的好文章，這樣持續了很多年，孩子在國文實力和口語表達上表現良好，在見聞方面也很廣博。現在，我們夫妻還維持著朗誦的習慣，有時一大清早看到報上有好文章，也會讀來跟家人分享。也許你在漱洗，也許你在整理內務或穿衣，總會聽到她高興的語調：

「來！來一段奇文共賞！」

「嘿！唸吧！我洗耳恭聽。」

有時是一則新知，有時是一則趣聞，有時是一個令人感動的故事或新聞。我們不唸醜陋、淫晦和暴力的新聞；不是逃避不看，而是它不值得朗誦，更不值得唸給家人分享。

我家設立了「家庭大學」，每一個人都是這個大學的教師和學生。我們喜歡在用餐之後，趁著杯盤狼籍，話匣子一開，就閒聊起來。孩子們述說上學的趣事、新知，大人談說工作和生活之中值得與家人分享的點滴；有時拿社會新聞當價值澄清的素材，有時介紹一本新書和家人分享。孩子們從小到大，就這樣上家庭大學，現在他們都成年了，大學還繼續開設。

家庭大學不是天天開講，而是自然而然的鋪陳開來，沒有限制、沒有勉強。但大部分時日，或長或短，都能構成不錯的氣氛。我很喜歡回家吃晚飯，孩子們也一樣喜歡，因為這餐飯有說有笑，有情有義，孩子怎麼會不喜歡回家吃飯呢？

家庭大學有時會在晚上開課，夜裡我們讀書寫作之餘，沏一壺茶閒聊起來，茶香和歡笑聲會引孩子過來加入閒談，這時候有人以口頭禪的語調說：

「又聊起來了——」一聲音故意拉長放慢，逗得大家歡喜。

「來來！歡迎加入咱們的龍門陣。」

簡單的對話，就把聊天的基本排場架構得篤篤當當。這回可能是生活集錦，可能是做人做事應有的態度，或者傾聽和欣賞某個人說些得意事。當然，需要對孩子叮嚀的事，也可能在這時候端了出來。這樣的家庭大學，可以培養情感，可以親子交流，談古論今，生活充滿喜樂。家庭大學有幾個要領：

1.要自然風趣地發展人際互動，不宜躁進。

2.不要訂定制式的運作程序，例如「現在我們來進行家庭大學」，這會變得生硬乏味。

3.尋找生活中共同關心的題材當聊天的素材。也可以用一本有趣的書、學校裡的生活點滴等等當話題。

4.談話不能變成責備，要能引發共鳴。

5.親密的支持對方講下去，傾聽有助於家庭成員談話氣氛的營造。

6.家庭交談有助於價值澄清，分享新知，建立良好的人際關係。

## 家族聚會

家族聚會是很好的群育時機，同時也是很重要的身教表現。家族相處和睦，容易培養孩子合群的行為；家族四分五裂，甚至為了分祖產而反目成仇，對孩子人際關係和基本價值觀念，往往造成相當程度的扭曲或偏頗。我觀察過一個家族，他們聚會時總是打麻將和抽菸，說的是一些言不及義的話；這個家族的孩子，表現出輟學、夜出不歸等乖舛行徑，接著幾位父叔輩鬧婚變，他們的下一代也跟著表現出偏差行為。

一位朋友說，他們家族一年總有幾次聚會，三代同堂在一起，既溫馨又熱鬧。有時安排一起旅行，有時到郊外露營野餐，大家一起聚敘、歡唱和野炊，給孩子留下喜樂的生活經驗。彼此互相關懷和支持，聚近人際距離，感受到親密。他們發現家族的人都很樂觀，孩子們的情緒狀況和身心健康情形也很好。他說：

「家族聚會時，孩子們湊在一起玩生活劇；他們共同組成一個飲食店，提供家族成員的飲食。有的扮廚師，有的扮伙計、會計、零售員等等，大人則扮顧客。我們家族經常設計一些有趣的活動，孩子們有模有樣，在電腦中作計畫，印製票券等等，每一個孩子都學到東西。」我聽著他的敘述，對於他們的創意讚不絕口。這是個很懂得創造孩子學習與成長機會的家族。

他看到我羨慕的樣子，接著又說：「大人和孩子可以組成家庭合唱團，一家一團來個比賽，熱鬧歡笑。學過樂器的孩子，臨時組成樂隊，各年級孩子都有，那種拼裝樂隊，演奏起來令人叫絕。」我相信這是一個溫馨的家族，這樣的環境和身教，能給每一個成員帶來樂觀和積極的生活態度。

## 錯誤訊息的影響

師長在平常的言行和意向中表達了許多訊息，這些訊息如果是錯誤的，對孩子的負面影響會很大。其實，師長偶爾的錯誤，並不一定造成不良的結果；值得留意的是：錯誤和不當的身教，總是一再的出現，孩子也就牢固地學到成人的不當行為。

一對正值壯年的夫妻，經過胼手胝足的打拚，手邊有了可觀的積蓄，他們認為恬淡一點過生活就好，便把工作辭掉。夫婦兩人過著遊山玩水的生活，郊遊旅行成為他們的常業；念國中的孩子耳濡目染，每每趁著父母不注意時溜出去，成群結黨，玩樂混日子。因此這對夫婦把孩子送到國外當小留學生，以為從此可以一帆風順。不幸的是，父母不在身邊，孩子孤單、寂寞，生活難以適應，兩年之後又跑回來。結果想讀國內的高中，程度跟不上，學一技之長又不肯。他們為自己的子女無比的煩惱。

求好過當可能是另一種錯誤身教的原因。有些人在言行中，經常表現出對金錢、高學歷和社經地位的渴求，以之作為子女教育的基點。在平常言談中，給孩子許多期許和壓力；這種無形的壓力，長此以往，迫使孩子逃避現實，或者形成心理困擾和不適應。不幸的是，父母很少察覺這個事實，直到問題嚴重才浮出檯面來。

成人世界給青少年提供過多錯誤的身教——告訴他們要好好讀書，贏過別人，才會有好前途；不要當技術工人，要當工程師，才會被看得起；要出國留學才好，在國內念書不算什麼；甚至在男女性別觀念上，表現出重男輕女，給他們不公允的差別待遇。這些都表現在平常的言行之中，構成許多錯誤。

試想，父母經常暗示學歷是前途的保證，勞動技藝是卑微低賤的工作，久之就成為刻板印象。孩子若書讀不來，對技藝工作心存輕視，不肯學習一技之長，請問孩子會不會走投無路？或者鋌而走險誤入歧途呢？在我的研究觀察中，發現許多孩子不斷在心裡吶喊：「天啊！我想要的我辦不到；我能做的我不喜歡它。」我們把孩子教成這樣，無異讓他進退維谷。

人一旦不喜歡自己，不能實現自己，他將會生活得很痛苦和沮喪。我經常聽到師長責備孩子說，「像你這樣不用功讀書，將來只好去當工人！」不幸的是，這孩子就是不喜歡念書，他想去當工人學一技之長，卻又怕被瞧不起，其自尊之受損可知。

最近，我和高中職教師討論，他們認為影響孩子成長的錯誤身教包括：

1. 家庭失和衝突，缺乏樂趣和安全感。
2. 父母對長上不孝順，作了不尊敬親長的壞示範。
3. 不守法和缺乏公德心。
4. 不誠實，不肯面對真實。
5. 喜怒無常，待人接物情緒化。
6. 瞧不起不如自己的人。
7. 缺乏愛、溝通與支持。
8. 表現出對人的不信任。

師長所表現的錯誤身教，會傳遞不當資訊，而影響孩子的學習和成長。其實，阻礙孩子身心發展最大的莫過於敵意、自卑和缺乏思考問題的基本習慣，它會破壞感情和理智的發展。以上八種不當身教，阻礙的正是孩子的思考和人格發展，其影響亦及於人際關係和心理健康。父母所言所行，都要慎重。中國人所說的因果觀念，不正是如此嗎？

所謂「近及自身，遠及子孫」，正是身教的最好寫照。《涅槃經》云：「善惡之報，如影隨形。」父母對子女的身教，務必謹慎其事。萬不可言行不一，教壞孩子，自己也隨之煩心受苦。古人所謂「存諸教則因果歷然」，不可不慎。根據少年犯罪原因的分析，家庭因素佔第一位，其中以管教不當和破碎家庭居多。

孩子的學習機會是靠自己爭取來的，積極主動、信心較高、思考習慣正確的人，會得到較多學習和發展的機會。不過這些性格特質和習慣，通常是從父母的身教得來的。父母能給予主動的身教，建立良好的心智發展基礎，孩子未來的發展機會和學習能力自然較多、較好。

# 5

# 作倫理和信仰的表率

四維——
是幸福人生的守護，
八德——
是飛越萬里的鵬翼；
父母對孩子的恩賜，
就在待人接物中學習通達；
在成功的經驗中學習對倫理的信心。

倫理是一種生活的動力，也是一套待人接物的精細腦力系統。你越能在生活與工作中，教會孩子待人接物之道，他在生活之中就表現得越貼切，越得人緣，越能掌握成功的契機。倫理和道德不是聽話，如果你只想把孩子教得聽話，而不教他判斷和思考，將來還是無法應付變遷社會中層出不窮的情境。因此，對於一味要求孩子聽從自己的人，要常提醒自己，有沒有從孩子的角度去想想。

倫理的培養要從生活行誼之中，綻放教化和感動的熱情，從而教會孩子生活態度的規範。師長待人接物的原則若能護持真實，孩子也能求真求是；師長能堅持努力，刻苦完成該做的事，孩子也能表現這種毅力；師長在生活中樂觀開朗，孩子也能發展對生命的愛與熱情。我相信和氣、認真、勤奮、仁愛等倫理能力，都是從生活中透過身教得來的。

## 實際的行動榜樣

倫理的學習須透過認同與模仿，先拷貝下來再慢慢消化吸收，然後表現於生活與工作的態度上。師長行為不檢，在孩子面前推諉卸責，表現惡劣情緒，對孩子苛責辱罵等等，孩子長大之後不免如法炮製。特別是父母親的凌虐行為，對孩子的影響尤其嚴重。

許多人沒有把指正和凌辱分清楚。指正是指出錯誤，作正確示範給孩子看，當然這必須建立在父母肯作好榜樣給孩子看，才能發揮作用。依我的觀察，許多指責不能發生效果，大都因為缺乏實際的行動榜樣。至於凌辱那就等而下之了，那是在指責的同時，傷害了孩子的自尊和信心，根本沒有教育價值可言。父母親光說而不實踐，是倫理教育失敗的原因。

說教往往停留在概念的階段，唯有身教才能引致孩子仿效和努力。良好的身教，要建立在對生命的愛和對事物的如實了解上；前者是愛，後者是真實，有愛有真實，人生才有希望。

有一位農夫寫信給愛因斯坦（Albert Einstein）：「我非常敬佩你，很希望孩子將來能跟你一樣傑出。我不但給孩子取個跟你一樣的名字，還特別寫信來向您請教：

怎麼教養孩子，才會令他像你一樣有成就。」愛氏的回答是：「我認為人生最重要的事，是對人與事的熱愛，而不是野心。」

野心越大，對現實越覺得不滿。師長對孩子有著不當的期望，那麼責備、挑剔和凌辱不免頻繁，孩子所形成的「自我觀念」也就越差。這一來孩子會自暴自棄，鋌而走險，或者造成適應不良，甚至神經質。師長對孩子所作倫理的教導，不是建立在渴求和期望，而是在生活與工作上平實的身教，忠實於事實和熱愛真理的生活陶冶。

野心越大，教導越容易出錯，對孩子的傷害也越多；野心越大，說教的苛責越多，所說的和示範之間越容易產生矛盾。所以父母親不要用野心來期許孩子，要用熱心和平常心來陪伴孩子，倫理教育才會成功。究竟師長要教會孩子什麼倫理呢？依我的歸納是：

1. 愛心的培養，對生命和事物的愛與珍惜。
2. 明白事理，懂得溝通協調，彼此互相尊重。

3.主動求知和學習的態度，當一位主動的學習者。

4.與人合作的能力，共同生活、工作和分享。

5.好的情緒習慣，能調理自己的情緒，了解及寬容別人的角色。

6.毅力和挫折容忍力。

這些倫理能力，是保證一個人過成功人生的要件，它與過去儒家所言的仁、義、禮、智、信沒有多大差別，只是在內容上配合現代社會的需要，作了以上的歸納。

常見住在公寓裡的家庭，彼此疏忽共同維持公寓的安寧，通宵玩牌打麻將，不但干擾鄰居安寧，更是給孩子壞的身教。我發現越是不重視公寓道德的人家，其子女的偏差行為也越明顯。學校老師在進行家庭訪問之後，總是感慨地說：「什麼樣的家庭，培養什麼樣的子女。」

今天的社會風氣，乃至青少年犯罪，並不全然是教育問題所導致，輿論常常模糊了焦點。事實上，問題的核心是家庭功能的不彰和家庭倫理的淪喪。因此，誠懇地呼籲天下的父母，要以身作則，實踐互愛與責任。

## 家庭倫理

家庭所表現的倫理行動，對孩子的影響既深且遠。缺乏互相支持友愛的家庭，子女較易表現不安、孤獨和侵害他人的偏差行為。根據統計分析，少年犯罪的主要原因是家庭生活功能不彰，其中最重要的因素是管教不當和家庭破碎。它的背景均源自家庭倫理的崩潰，孩子缺乏愛、明理、解決問題的知能和管理情緒的能力。

身為父母能相親相愛，互相支持體貼，孩子就能從和諧的家庭氣氛中學到禮貌和尊重，從活潑的生活中學會變化和彈性，從生活安排和調適中學會經營生活的觀念。這些能力我稱它叫彈性的倫理：人有追求需要的動機，也要有控制自己的本事；有表達情感和喜怒哀樂的權利，也要有不發作的能力。

這種彈性維持人的和諧、健康和創意。有些家庭，成員彼此互相鼓勵，懂得分享和包容，並能負起責任，彼此互愛。他們不是一味需索或要求對方，而是協助和肯定對方；不是挑剔或指責對方，而是欣賞彼此的優點，使人更有自信，更能勇敢地改正錯誤和學習新知。

家庭倫理表現於日常生活之中。家庭倫理除了愛之外，最重要的就是責任。父母親忙著營生，而疏於和孩子相處，可能是教導孩子不負責任的直接示範。我知道成人的生活有不得已的苦衷，不過必須設法克服困難，安排時間和家人相聚談敘，要有時間協助孩子解決他所面臨的疑難，這些都是責任倫理的起點。

在我們的社會中，徬徨、焦慮、緊張乃至憂鬱的人，有越來越多的傾向。追查這些問題的根源，多和家庭有關，特別是冷漠缺乏溫馨的家庭。人如果不肯負責去營造人際溫暖，就會越孤獨，甚至退卻而不能負起責任。

家庭倫理同時也表現在與親朋好友來的交往，特別是婚喪喜慶上。父母若能重視這些活動，在參與中教導孩子進退應對，他們的倫理觀念就會漸漸豐富起來。

孝順是倫理身教的基本教材，父母孝敬親長，無形中拉近了三代的距離，使人際支持更頻繁，家庭自然溫馨幸福。孝順的示範，是家庭倫理得以確立的根本因素。依我的觀察研究，每一個人都是靠父母長輩保護長大的，在潛意識裡雙親就是安全感的根源，是心理健康之所繫。因此，為人父母者要呵護、教養和啟迪子女，給予他們生命的熱情、智慧和動力。相對的，為人子女者，無論年齡多大，都對早期保護自己的雙親，有著依賴的情結。如果你不願意和他們建立良好的關係，無異在破壞自己安全感的心理機能。

於是，我發現那些與父母交惡的人，他們的焦慮及所導致的偏差行為，不但破壞心理健康，而且構成極壞的身教。他們的子女大部分有偏差行為，或者有著明顯的心理症狀。《孝經》上說：「孝是德之本，一切教化的根源。」在工商社會裡，無論你是否與雙親居住在同一個屋簷下，你要孝順，要跟他們有默契、有親密、常來往，給他們安慰和奉養。然後你才會心安，會從「反哺」的行動中得到真正的獨立和清醒，這種清醒是精神生活的提升，也是心靈的成長。所以孝順這件事，既是倫理的，也是心理上的需要。

親子衝突的家庭，容易培養出叛逆的子弟；孝悌之家，子孫則多賢能——這些古訓在我的諮商輔導工作中得到驗證。不過，孝不可以是愚孝，必須是有能力的愛。愛是一種給予，在奉養之中表現出真正的關懷、負責、尊重和了解。

過去曾經有一位中年企業家來找我諮商，他患了憂鬱症，服藥後卻沒有明顯的改善。經過幾次的晤談，也沒有什麼突破性進展。有一天，在晤談結束時他對我說：

「老師！我還有一個困擾順便請教你好嗎？」

「你說說看。」我們又坐了下來。

「我母親獨自住在鄉下，令我不安。我想把她接來一起住，又有困難，真是左右為難。」我問他困難在哪裡，他接著說：

「母親曾經跟我一起住過一段時間，她跟媳婦個性不合，經常起摩擦，現在又回去鄉下住。我常為這件事覺得虧欠自責，我夾在兩位所愛的女人之間，不知怎麼處理才好。」

這段談話讓我警覺到問題的核心，不是工作上的忙碌和衝突，而是與生俱來的安全感情結。於是，我們轉移了晤談的重點，我說：

「你是說你很愧疚和左右為難？」

「是的，我有時偷偷回去看媽媽，不敢讓太太知道，因為她會不高興。」

「她會不高興？」

「是的，她說我只愛母親不愛她。」

「你準備怎麼辦？」

他沈思了好一會兒說：「你可以勸勸我太太嗎？」當然，我答應了他。

這次晤談使個案轉入家庭諮商。我們約好時間，開始家庭晤談，問題的癥結也就越明顯。因為連孩子們都牽連在這個衝突之中，家庭的成員都變得焦慮不安。在幾次家庭晤談中，他們漸漸得到共識：讓老人家搬來住在附近，爸爸就不必花很多時間跑回鄉下探視。

說也奇怪，自從他們在鄰近租了一間公寓，構想好未來的生活安排後，這位先生的沮喪和不安便明顯減輕，其家庭成員的人際距離也因之拉近。

## 避免疏離的生活

孩子的倫理觀念是從家庭活動中學習的；這些活動包括營生、教導、人際關係、文化、經濟等各方面。其中家庭營生活動所涉及的倫理教育最廣，影響層面也最大。

現在國中學齡的孩子，大多未能在家中享用早餐，晚上亦僅少數未上補習課程的孩子才有福氣和家人共同進餐。我相信這樣的生活是疏離的，是無從教導家庭倫理的，對孩子而言是很大的缺憾。這種現象可能會表現出許多心智發展上的弱點。

忙碌已經破壞了家庭生活的內容和情趣，人際互動減少，親密感已不復存在，青少年的孤寂感使他們尋找補償之道，這就構成青少年犯罪的溫床。

倫理的身教當然也表現在教師身上，教師所代表的角色是愛與知識，是能接納孩子、鼓勵孩子，作為孩子成長向上歷程中的依靠。當教師表現出行為不檢，把惡劣的情緒投射在孩子身上，以致處理學生問題失去準頭時，他們的身教就已經走偏了。

教育的過程之中，要避免拒絕學生，那會打擊學生的信心和自尊。看到有些中途輟學的學生，透過家人的努力送回學校，而學校竟然拒絕接受。教育機關非但未能接納他、幫助他克服問題，反而主觀地便先拒絕孩子，對孩子來說情何以堪？我們必須有所警覺：被拒絕是一件非常痛苦的事；被拒絕的人所受的創傷是難以彌補的。

教學工作與其他行業不同，必須在日常生活之中，負起身教的任務，在言行談吐上、待人的態度上、求知的主動性上及對學生的愛護上，都要足以為人師法才行。我認為教師要避免一時的疏忽，造成不良的示範：

1. 教學不認真；未作充分準備，不幫助學生解決學習的困難。
2. 在學生面前與同事吵架，或批評別的師長；教師之間若有不同意見，要在辦公室溝通解決。
3. 行為不檢，作不良的示範；教師當然有自由，但不能把自由當散漫。
4. 鼓動學生為自己護短；這會造成是非混淆和矛盾。
5. 在情緒失控時處置學生；這會對孩子造成身心創傷。
6. 故意疏忽某些學生，尤其對適應不良的孩子缺乏覺察和關懷；教師必須對班上同學有著民胞物與的襟懷。

教師不能失去應有的風範，它是維持學風、引導孩子朝向光明發展的標竿。為人師長一天，就得肩起這份責任。好的身教風範是什麼呢？我的看法是：

1.要有師愛，具備啟迪學生的熱情和能力。

2.開闊的胸襟和樂觀的性情。

3.了解學生，幫助學生，與學生打成一片。

4.明理、好學多聞、有多方面的才藝和能力，足以引導學生。

忙碌可能是戕害現代人心靈生活最重要的因素。父母因忙碌而疏於與孩子相處，家庭生活隨之疏離。教師亦同，他們每天忙著教課、批改作業、處理偶發事件等等，如果班級學生數過多，教師就可能缺乏時間跟孩子們一起生活。因此如何實施小班教學，是教育改革的重要課題。不過，教師如何有效運用安排時間，也是忙碌的現代人必須學習的新課題。

## 宗教的教化

宗教的身教，可能是家庭教育中最值得重視的一環。迷信的宗教，帶來孩子知性的萎縮與僵化；正信的宗教，能引發一個人成長、安定和自省的力量。宗教的意義要從兩個層面來解釋：其一是發現或找到生命的意義與蹤跡，它也就是「道」的問題：生命從何處來？未來又往何處去？如何才能走向那正確光明之道。其二是對於這個課題所作的教化謂之教，諸如信仰、崇拜和實踐的方法都屬於教。無論那一個宗教，發現祂的光明、慈愛與智慧，就找到了道。

不談宗教教義的差別，父母可以儘管保持宗教信仰的自由選擇，但那個「道」必須開啟人心，去接近那光明、智慧、慈愛的本體世界才行。美國心理學家威廉•詹姆斯（William James）在他的宗教研究中道出他對宗教的卓見：

1.有形的世界是精神世界的一部分，前者從後者取得它的主要意義，它的根本是愛與智慧。

2.人與更高層的精神世界會合或和諧關係，是人生的真正目的。

3.宗教的祈禱和感動，給人實在精神力的體驗；宗教能給人情感的滿足和雄渾的精神力量。

4.宗教給人安全、放心與祥和的性情，並與別人建立親愛的關係。

宗教的精神生活，最重要的是建立在愛與智慧；宗教也因之成為人類心靈生活的一部分，但宗教生活，最忌諱的是迷信。

父母親若能有良好的宗教信仰，在生活中表現出信仰、謙卑、慈愛、智慧、安定等宗教生活特質，知道解脫、救贖、光明和希望，那麼孩子就能建立起良好的宗教信仰，這對孩子的人生、品行、身心的健康乃至待人接物，都是很大的恩賜。

宗教信仰首重情操，它兼及了堅定的信念、柔美的慈愛和對精神世界的嚮往。它來自虔誠的實踐，而不是來自知識的言傳；因此宗教教育必須借助身教，或者從宗教導師身上學習。父母若能有良好的宗教身教，對孩子的心智發展、品德的陶冶、情感的舒展有很大的幫助。

有一位朋友，他生長在基督教的家庭，他父親虔誠的信仰，樂觀開朗的胸襟，在他們的生活中完全的表現出來。我發現他們的禱告，就是一種反省和自勵的行動，同時也是紓解情緒和開展情感的一種心智活動。對於這個家庭，我留下很深的印象：父母慈愛，子女孝順，各個都勤奮精進。

宗教生活的身教，應表現在生活上，而不是表現在繁文縟節上。它本來很簡單，是透過正信、單純、簡樸和專注去接近祂、迎接祂，讓光明和力量進入心中。父母只要能在生活中作表率，表現歡喜、悅樂、勤奮、謙卑和慈愛，孩子就能從中得到啟示，從中看到生命的蹤跡和光明面。

我很慶幸自己有著良好的宗教生活，它給我力量和堅毅，幫助我反省和覺照，更重要的是它開啟了悅樂充實的生活。內人秀真和我每天作定課，生活正常，家庭氣氛和樂。我不主張給孩子說教，只在他們提問的時候才說，我知道言語下的東西不切實際，要生活過得篤當，孩子們自然會有所感受。

孩子們小的時候，他們天天跟著大人作定課；定課很簡單，只要十幾分鐘就完成了。他們長大後沒時間跟我們作定課，那也無妨，因為一種基本的宗教態度，就像種籽一樣播入心田，將來自然開展出良好的宗教生活，無論他們信的是什麼宗教。有關宗教教育，願意說明幾個觀念：

1.定課只是幫助我們維持一種宗教生活的象徵；它的本義是提醒人，如果心中能維持信仰的虔誠，保持著覺性，綻放著慈愛和智慧，那就是禮拜，就是實踐和虔誠。

2.宗教是無相的，它不是言語和儀規所能完全描摹；宗教是一種啟示，讓你看到生命的真諦，看到人生的究竟，從而得到解脫或救贖，得到自由和喜樂。

3.宗教讓你看到永恆或永生，從中得到溫暖和希望。人是在宗教生活中才看到意義，享受平安和自在，更重要的是發現該怎麼自處和面對生活。

4. 生命是一個辛苦的過程，是一個不斷面對挑戰的事實。你不得不弘毅，否則就會崩頹下來，但弘毅的力量卻來自宗教的啟示，而不是來自對享樂和名利的追求。生命經常是孤獨寂寞的，你可以透過愛來豐富自己，但只有宗教才能給你安寧。

5. 人不能沒有正信的宗教；請記得，要把它當作生命領航的明燈。你可以忙於求學、工作和生活，但不可不每天繫念祂，就這麼一念，你已實踐了人生最寶貴的第一義諦。

我將這些道理告訴孩子，也許他們一時還不能深切體會，但深信已種下信仰的種籽，有一天他們會找到祂，會發現到宗教光明開闊的視野，並建構完美人格和希望。我願意在這裡重複：人有著天生的弱點——害怕孤獨和寂寞。人際關係和友愛只能治標，唯有透過宗教，透過開悟，才能得到歸屬感。也唯有透過宗教情操，才真正孕育了慈悲和仁愛的胸襟。我建議為人父母者，要有正信的宗教信仰，才能給孩子良好宗教生活的身教。

宗教生活不是建立在求神問卜上，更不是建立在神祕地祈求名利上。宗教的宗旨是看出生命的蹤跡和道理，它的本質是精神的提升和延伸，從而契合永恆與實存。這樣的宗教身教，能給孩子寶貴的啟示。

有正確信仰的人家，透過他們宗教生活的身教，必能培養出健全人格的孩子。近年有憂鬱傾向的人口正快速增加，世界衛生組織在一九九六年推估，公元二〇二〇年人類十大疾病的排行榜，其中憂鬱症排名第二，僅次於心臟病。同年台灣地區的推估，有百分之五到十的人口有憂鬱症狀。其實，憂鬱是一種情緒病，它的根源是孤單、缺乏安全感和對生命意義的體認。加上現實社會中的忙碌與競爭，缺乏運動和適當休閒，導致對生活的絕望和厭倦。我認為人類最大的敵人是孤獨，是否定了宗教之後所產生的無依和心靈的蒼白。

我相信宗教能治療人的自大和孤獨，能帶給人生活上的慰藉和希望，幫助人克服內心的自卑和情緒失衡。不過，宗教的精神生活是相信與發現得來的，不是用對價交換得來的。當一個人真正發現到祂時，會體驗到個人無限的喜悅和豐富。

有了正信的宗教，不但能提升自己的精神力量，同時在家居生活中，也能陶冶孩子心智成長和建立真正的安全感。宗教指引我們生活之道，揭示生命的愛與真諦。有良好宗教生活的孩子，從不徬徨，更不會在光怪陸離的現代社會中迷失或走錯路。

我們正面臨著許多宗教生活的危機。首先是對宗教的冷漠，大部分是用科學知識和自大的態度來否定宗教，這已經使許多人斷送接近宗教的機會。其實人本來就很脆弱，當他否定了宗教時，會顯得更脆弱，這是現代人精神症狀的重要線索。其次是把宗教與迷信錯置在一起，在婚喪酬神的儀式中，產生非理性的行徑。人們往往把它視為宗教，從而造成理性的萎縮和情感的狂熱，這些狂熱使許多人陷入精神的退化或症狀。其三是把宗教視為一種交易，造成人神賄賂的關係，它破壞了宗教潔淨的情操，同時使人更易墮落。父母親在選擇宗教生活時，不可不辨明這些陷阱。

倫理與宗教是幸福生活的保護神，我把倫理解釋為一套紀律，它就像電腦裡的程式一樣，沒有它生活就不能運作；它有了錯誤，就會出現危機狀況。教育子女具備倫理與宗教生活，是對他未來生活作最好的保障。不過，這項教育的根源是家庭而非學校，是生活中的身教，而不是知識的記憶。

宗教生活的身教，如同任何人類心智活動一樣，有正確的，當然也有錯誤的。我們不能因為有人迷信，而把宗教封殺；這就像你有可能吃壞肚子，而拒絕飲食一樣的不可思議。不過對於宗教的活動，必須有個規準，在信仰的道路上才能分辨邪正，這是宗教生活必須重視的課題。誠如佛陀晚年時，對弟子提出四個重要規準，我認為這四個條件，足以維護宗教信仰的正確性。他說：

依法不依人，
依義不依語，
依智不依識，
依了義不依不了義。

依法是遵守規範和法制，不依人就不會造成個人崇拜，走向迷信的歧路；依義是指依教化的本義去實踐完美的人生，而不是追逐光說不做的語言；依智是指以智慧理性來檢查自己的生活，不依一時意念或感情用事；至於依了義是指依循能圓滿解決問題的道路來走，而不選擇會旁生枝節的途徑。

我相信宗教生活的身教第一是建立在信仰上，其次是建立在愛與智慧上，其三是宗教精神生活的提升並與更高精神世界的會合。人生只有透過純淨的宗教信仰，才現出安祥和光明。

# 6 提供有益的替代身教

書——是傳遞新知的大河，
傳記——是現身說法的巨人。
讀一部新書，
念一本傳記，
談一則史事，
欣賞一篇詩文，
鑑古知今，
開啓孩子無盡的性靈。

身教是由父母或師長以生活的實踐，直接對孩子產生教化。依我的觀察，人生的基礎就是家庭的身教，舉凡認知、勤勞、情緒和待人的基本態度，都是在童年經驗中建構出基本模式；就像建築物的地基一樣，影響未來的整體建築風格和品質。

我要特別指出，身教不是知識的傳遞，而是思想、情感和待人接物的整體模式，它影響孩子的求知動機和情感生活，更影響其生活適應方式的建立。有些父母親雖然沒有受過高等教育，但其主動求知求真的態度，留給孩子良好的學習態度和能力：父母在工作上勤奮踏實，孩子未來就能兢兢業業；父母在情緒管理上表現得和諧開朗，孩子也學會較好的情緒習慣。身教所重視的不是表面的知識，而是一種思想與情感生活的風骨。

## 優良讀物的潛移默化

除了父母師長的身教之外，還有一種我稱為替代性的身教：它來自父母的引導，讓孩子從傳記和故事中得到切身體驗效果的教育。傳記和故事提供了孩子神馳心往的情境，孩子們最容易與其中的主角認同。此外，心理學上的研究已證實，常看暴力影片和小說的孩子，容易產生暴力行為；因而選擇一些溫馨、勤奮、積極上進的小說或影片，對孩子的成長較為有利。

父母與師長應提供具有正面價值的傳記或小說，唸給孩子們聽，和他們討論，把具有價值的特質指點出來，配合故事中動人的情節，很容易引起孩子的認同，從而在行動中表現出來。古人所謂：「哲人日已遠，典型在夙昔。」古人或今人的成功經驗和應付困難的堅毅態度是值得我們效法的，汨汨歷史長流中，有許多寶貴的智慧值得學習。我為孩子提供不少這樣的學習素材。他們在國小畢業之前，我們陪著他們一起欣賞、朗誦、閱讀許多中外名人傳記；我們不重視成功者的名望，而重視他們在奮鬥過程中堅毅、研究求真和耐心等性格特質的賞析。

記得有一天，友人王蜀嘉女士送我她編著的《白手起家的豐田》一書。我帶回家裡，放在就讀國小中、高年級兩個孩子的書桌上。他們並沒有立刻感到興趣，因為他們不知道豐田是誰。後來我為他們作了介紹，告訴他們豐田就是豐田汽車的創始者，同時也是自動化織布機的發明人。孩子們開始閱讀，我也利用晚間抽點時間和他們討論，還把它當床邊書，在睡覺前唸一段給他們聽。有一次，我們唸到豐田千辛萬苦去參觀機械展覽，那是一個盛大的世界性博覽會，他每天都去觀察機械，並作了很多筆記。一位管理員看他是個窮鄉巴佬，討厭他每天去看機械，便生氣地說：

「我看你這草包，乾脆回家算了！反正你也看不懂。何況有這麼多人要參觀，人人都跟你一樣，那不就慘了！快給我滾蛋！」老實的豐田，聽到管理員叫他滾，不禁板起臉來。他說：

「我才不是呆子，也不是沒事在這裡閒逛，我是有心研究機械才到這兒的。你看看，這個機械館所展出的機械，有哪一部是日本人自己做的？難道你不覺得慚愧嗎？」豐田這段話，令管理員啞口無言，反倒覺得不好意思，並讓他繼續研究下去。他待了二十天，得到豐富的機械知識。

當時，孩子們很驚訝書中管理員的態度，同時對豐田的堅持與理想感到敬佩。我們暫停朗讀這本書，開始討論這段情節。孩子們的對話是：

「那管理員很不講理。」

「他很無知，是不是管理員都這樣？」

「我看不是，問題是不應該雇用這樣的管理員。」

「我也贊成。」

很明顯地，孩子們為豐田抱不平，他們談話的重點就圍繞著對管理員的批評。大人當然也會支持他們的論點，不過我們很快就轉了一個話題：

「你們不欣賞豐田的堅毅和勇敢嗎？」我說。

「他有可能被嚇走而失去參觀機會，發明就中斷了。」

「他被嚇走了嗎？」我問下去。

「沒有，他真勇敢。」

「他義正詞嚴地把管理員訓斥一頓，使他覺得慚愧。」

「你是說，堅持原則、勇敢面對現實是很重要的。」我接著又反問他們，「如果是你們，你們會怎麼做？」

「我會繼續研究下去，他不敢把我趕出去。」

「他若趕我走，我會報告負責人；因為展覽是供人學習和參觀的。」

類似的討論，對孩子心智成長很有幫助。它能讓傳記中主角的待人處事態度，在孩子的認同過程中，獲得較深刻的學習。

我們不可能把孩子教成完人，實際上也辦不到，但我們可以藉由許多傳記，提供活生生的體驗，來培養孩子們解決問題的能力，建立良好的態度和堅持的能力。

歌功頌德的傳記過於抽象，對孩子沒有什麼啟發作用；一定要寫得真實，能把過程、挫折和解決問題的關鍵表示出來，對孩子才能產生學習的效果。更重要的是師長必須和他們一起討論，讓孩子的觀念更清楚。

孩子到了國中以後，就可以自己獨立閱讀；國小可以選擇讀傳記的節錄或繪本，國中以後儘可能讀原本。孩子多讀好書，可以從書中人物間接得到身教，這就是我所謂的替代性身教。

## 親子閱讀的原則

傳記要經常出現在客廳的桌几上，連同家庭訂閱的雜誌或書刊，隨手可及。只要坐下來，順手就能取閱，這樣才能減少看電視，預防閱讀不當的爛書。傳記要經過選擇，我認為那些自吹自擂，或為了競選等目的而寫的傳記，並不適合給兒童青少年看。引導孩子看傳記，請注意以下原則：

1. 自己先讀一次，認為它能啟發心智者，再推薦給孩子。
2. 必須符合孩子的程度，強迫孩子讀他不懂的書，無異是扼殺其閱讀興趣。
3. 不必規定他幾天讀完，看多少是多少；書買多了，即使每本只讀一部分，對孩子還是有利。記住！孩子只要接觸書，讀了一些，總有一天心血來潮又會看下去，這就是主動學習。
4. 很自然地在茶餘飯後對孩子介紹好書，說出精采片段；欣賞、讚美、說出心中的感動，然後把書放在客廳的茶几上。這樣足夠了，不必勸孩子讀它，因為那是多餘的。

5.只要你適當指引，不必強迫，總有一天孩子會讀你買的傳記。當他談起書中內容時，請記得要予以回應，這是增強孩子閱讀興趣的自然手法。

我自己按照上述原則，很能引發孩子廣泛閱讀的興趣。記得孩子們還念國中時，我買了一本《孫運璿傳》回家，秀真和我讀過之後，自然地當話題談起來。我們都欣賞孫先生的胸襟、遠見、踏實的工作態度，尤其我曾在行政院任職，對孫先生的行誼作了一些闡釋。這些談話引起孩子們的興趣，沒想到兩個孩子很快就輪流讀完它。

孩子從傳記中可以學到成功人物的好學、勤奮、獨立思考、和氣待人以及達觀的胸襟。父母和師長能給予的身教有限，但透過閱讀傳記，能帶來間接性的身教。請記得！教孩子讀傳記要從多方面入手，舉凡科學、文學、宗教、政治、企業都有名人，理、工、醫、農、人文、社會領域都有值得我們閱讀的傳記。這兒更要提醒：讀傳記的目的，不是要孩子羨慕名人，而是學習其志氣與風骨。

此外，許多科學家留下來的手記、通俗的感悟之類的書籍，很能表現他們單純的生活態度和專注的工作精神。更值得重視的是，這類書籍經常流露著生動的睿智和純真高潔的人生理想與大愛，例如美國科學奇才費曼所寫的《你管別人怎麼想》、《別鬧了，費曼先生！》（*Surely You're Joking, Mr. Feynman*，中譯本天下文化出版）這類書籍對中學生也有一定的價值。

國中學生不免偷偷閱讀色情或暴力的讀物、觀賞這類電影或電視，這對他們而言會產生負面的影響，要防止孩子沉迷這類邪惡的東西才行。如果你發現他們涉覽，請不要憤怒責備、公然斥罵，只要你指導得當，就沒什麼問題。應該有的基本認識是：

1. 孩子不會因為看一、兩次不良讀物而變壞，是長期沉迷於其中才發生問題，所以不必責罵，而要好言規勸。
2. 你要向孩子解釋，色情和暴力的電視和書刊千篇一律，沒有必要多所流連。要用性教育來代替色情（你可以買書給他看）；要以和氣的家庭生活預防孩子對暴力書刊的迷戀。

3.在生活中能體驗到成就感的孩子，不會沉迷在色情及暴力小說、影視之中；因此在功課上不能發揮潛能的孩子，要支持他在另類活動表現上的能力，以增強其自信和自尊。

父母和師長的一言一行，都構成孩子的身教素材，因此要謹慎。身教就像一條文化的大河中，你投入一些彩料，它會不斷擴散，影響更大面積。你若能想到自己所表現的身教，在滾滾生命大河中永不消失，你就不得不戒慎恐懼了。

# 7

# 鼓舞豪氣和毅力

欣賞頷首，
孩子的壯志豪情能酬。
批評搖頭，
孩子沮喪憂愁。
有青山，不愁無柴；
留豪氣，任他山窮水盡，
必也柳暗花明。

豪氣使人振作，經得起考驗和挫折；人總得通過挫敗的考驗，才會有些許成就。人生少有一帆風順的境遇，如果有，多半是庸碌平凡，沒有什麼值得回味咀嚼。

人生是一個刻苦的歷程，若缺乏幾分強韌的豪氣，一旦受到挫敗困難，就會退縮沮喪。我看過一些孩子，稍稍遭受挫折，便覺得承擔不起；碰上辛苦的差事，就說壓力很大，打退堂鼓，找下台階，抱怨連連的表現，使自己陷入失敗的泥沼中。不少孩子在求學上半途而廢，甚至懼學或逃學，大部分是缺乏豪情所致。

在工作職場上我們也發現，缺乏豪氣的人往往不能承受艱難工作的挑戰。他們經不起磨練，不時換工作；這些受不了苦的人，怨言也多，他們完全不知道工作必須深耕易耨，踏實堅毅才會成功。

豪氣是表現在人的刻苦耐勞上。日本松下電器公司的創辦人松下幸之助在他的自傳中曾經寫到，他在一九一三年得了肺結核病。一般人得了這種病一定是放下工作來養病，但是他還是照常工作，他說，「反正都要死，不如趁著未死前多做一些事。想通之後，坦然面對死亡，每天照常工作，結果恢復了健康。」

松下在他的傳記中，處處表現出迷人的毅力，真可謂堅苦卓絕。有一次，他的朋友說到工作備極辛勞，倦怠之情溢於言表。松下問他，「你工作真的辛勤嗎？我問你，你的小便是什麼顏色？像紅茶的顏色嗎？」對方告訴他，「沒有。」於是松下說，「可見你還沒有到真正的疲累。」松下常常告訴人家，要辛勤努力。我相信辛勤努力源自一個人的豪氣，若想從工作中得到滿足和甜美，辛勤是必要的。

## 克服怠懈

美國心理學家威廉・詹姆斯曾指出，每一個人在辛勤工作之中，首先面對的是假性疲勞，它不是真正的疲憊，而是想逃避工作的負擔。如果你能堅持下去，克服假性疲勞點，精神將會振作起來，能起勁地完成工作。要突破這種假性疲勞點，就需要豪氣。

名教育家同時也是名演講家卡內基（Dale Carnegie），他創辦了許多口才等訓練計畫，是一位劍及履及的人。他在十八歲時進美國密蘇里州的華倫斯師範大學就讀。

當時，他發現學校的風雲人物，不是明星球員便是辯論演說的高手。他決心要出人頭地，於是努力訓練口才。他曾到農場空曠的地方，努力不懈地訓練自己；回到家裡，甚至在客廳裡也練習起來。但是天不從人願，第一次參加演講辯論比賽，終究失敗了。他不為此氣餒，反而鼓勵自己學習別人的優點，檢討自己的缺點；他發現自己蒐集的資料不夠，不足以說服別人，所以痛下功夫，克服弱點，後來終於成功了。

我認為這種堅持就是豪氣。它表現出鍥而不捨的努力，如愚如魯的下功夫；這種能維持潛心努力，水滴石穿的態度，是最值得培養的心志力量。唐朝的洞山禪師說：「潛行密用，如愚如魯。」這是培養一個人深邃心力的妙方。

人的一生，要想在精神生活上表現得後繼有力，活得堅毅悅樂，就得培養豪氣。它能讓人在成功時不會得意忘形，在享樂時不會迷失，在挫敗時能東山再起。尤其是面對挫敗，更需這種心志力量。唐朝時，雲門禪師的一位弟子問師父說：「樹凋葉落時怎麼辦？」

他回答得很有啟發性，他說：「體露金風。」

那種在窘困疲乏，一切都付諸流水、無所憑藉時，還能有「體露金風」的襟懷，相信不久就能看到春風煦日，萬象更新的春景。

所以，師長必須教導孩子，孕育他們的豪氣；不過，這不是靠言教得來的。就培養豪氣而言，言教只能表示你的需求或願望而已，如果你用高壓管理，天天訓誡孩子要有豪氣，經常批評他沒有豪氣，孩子的豪氣也就一天比一天更衰竭。

豪氣的培養要從身教開始，你要在生活之中做到。你能堅持理念與原則，又能通達地處理事務，從而得到成功和喜悅，那麼孩子就從中學會豪氣。豪氣不是皺著眉頭去堅持，而是對困難表現出能設法解決和承擔的勇氣。

## 承擔的勇氣

這一點，我在年輕時曾受過難忘的身教啟示。我父親是一位生意人，靠賣水果營生；他也有幾分志氣，偶爾能作一筆大生意。但是在記憶中，每一樁大生意都虧本；別人經營生意總有些賺頭，父親作一筆生意，就要讓全家跟著他受苦受難幾年才能還清債務。我念高一那一年，他的投資又失敗，傾家蕩產，經濟生活陷入窘境。當時，有一位親戚勸父親宣布破產，讓所有財產交由債權人處理，打折償還，從此撇開這些積欠。

當時是可以協調債權人同意這麼做的，但是母親獨排眾議，她說：「把所有財產賣來償債我同意，但是要把帳理清楚；未及償還的部分，容許我們慢慢還。請相信我們還債的誠意，因為我們還要教子教孫，作個好榜樣，將來他們才能抬頭挺胸，好好做人。」

母親的堅持，使我們在賣掉一切之後，繼續背負債務，又歷經五個年頭才還清債務。這段因緣，給我帶來磨練的機會，我必須學做買賣，幫助家裡度過難關，直到我念大學時債務才還完；但這些艱苦歲月，卻為我帶來許多收穫，學到堅毅、負責和耐心。現在，回想那段辛苦的日子，尚懷有幾分甘甜的欣慰，每憶起這樁往事，就感念母親賜給的堅毅身教。

我在諮商工作中發現，一個人挫折容忍力越大，就越能表現出豪氣；越是積極樂觀，越能建構恢弘的器宇。每個人的生活都有壓力，生活本身就是要克服困難，為活下去負起責任。人必須付出代價，才能享受生活，讓自己活得充實有價值。因此，生活是一件苦差事，必須勇於承擔；必須心甘情願去努力和承擔，才能苦盡甘來，享受苦中作樂的趣味。

人很少直接被所承擔的職責、任務或工作給壓垮，它雖然具有一定的壓力，但絕大部分是可以承受，而能化作豐富生活的素材。人之所以感受到強大的壓力，甚至想要逃避或出現精神症狀，是因為對自己的遭遇有了不情願、害怕、抱怨、不平、憤怒等等的情緒。這是我們對所遭遇的情境，有了強烈的不滿，而採取消極性回應的結果。因此，當父母或師長經常表現消極的情緒態度，出現所謂不情願、懼怕、抱怨、憤憤不平的反應時，孩子的豪氣和承受壓力的能力就會大打折扣。

## 活躍的精神力量

維持精神生活的健康和活躍，最主要的因素是負責。能為自己負責，就能締造成功經驗和信心；反之，失去成功經驗和信心，就會失去承擔和負責的豪氣。唐朝的慧朗問石頭禪師：

「怎樣才能展現覺性，做一位覺者？」

「你沒有佛性，不能成為一位覺者。」

「蠢動含靈（意指昆蟲、飛鳥走獸）都有佛性（覺性），為什麼我會沒有？」

「因為你不肯承擔。」

承擔與責任是發展自我功能的動力，父母師長不可不重視這方面的身教。美國前眾議員賴斯・布朗（Les Brown），他是一位棄嬰，由養母帶大，國小時還被認定是一位智能不足的孩子。但在養母的身教和鼓勵之下，他掙脫了頹勢，活出豪氣，活出光明。他歷任俄亥俄州參議員等職，同時也是一位名演講家。他覺得母親給他許多示範和指導，在其所著《夢想，改造一生》（*Live Your Dreams*，中譯本天下文化出版）中，他寫道：

「我從母親那裡學到：每個人都有其重要性，來到這世上都負有一項使命。我認為人生就像旅途，有時艱辛，有時痛苦，但我們都有良好的能力，只須將與生俱來的才幹盡情發揮，就足以應付難關。

「能做她的兒子是我的福氣。她是我人生的好榜樣，擁有堅強的意志力和勇氣，即使已年過八十，仍然不改本色。她完全憑著一股毅力，活出自己的夢想，主宰自己的命運。

「媽媽在既窮困又沒有丈夫的情況下，在我和雙胞胎弟弟還是嬰兒時，便收養我們。為了支撐家計，她努力工作，先後做過自助餐館廚師、女僕及水果採收工……我的毅力全承襲自她。」

我們現在的青少年，成長在富裕的環境下，缺乏磨練自己的機會；又因父母對升學及成績的特別重視，給孩子們套上遠超過他們所能負擔的期望，許多孩子的毅力與豪氣因而受到損傷。雖然教育當局一直在設法減輕學生課業負擔，但如果父母師長對培養豪氣不予重視，一味用野心來教育子女，而非依照孩子本身的根性因緣來鼓勵，來培養他們的豪氣，青少年心智成長仍將是一個難題。

## 勵志的妙用

我長期從事心理諮商工作，協助許多面臨困擾的人尋找新生；也閱歷過許多名人政要，與他們共事，並經常留意他們處世待人的態度，分析他們成功的特質。我發現成功的人，神采奕奕，主動性和積極性強，他們樂於面對問題並設法解決它。他們的情緒穩定，思考清楚，理路分明；在他們的性格之中，不斷綻放著豪氣和智慧。每當我見到他們就會受到鼓勵，讀他們寫的生活小品，也會受到啟發。

我發現一個事實：人生不是因順利才成功，不是僥倖而變得傑出，而是肯幹、肯學習、有理想、會作夢的人才能成功。他們不是因為成功而變得神采奕奕，而是透過勵志而神采奕奕，導致他們成功。

所以，我主張每一個人都要看勵志的書，不分年齡、不分學歷，讀勵志的書籍，就能得到替代性身教；它就像精神生活的糧食，每天要閱讀。對於部分尋求諮商的人，有時我也會開出處方，要他讀勵志書籍，從中汲取振作精神的動力，以培養積極的態度。

積極振作和樂觀的人，不但心理健康，而且容易成功。退卻而防衛性強的人，心理困擾多，憂鬱情緒往往吞噬了他的活力。如果你想活得成功就必須培養心中積極樂觀的薪火，而讀勵志的傳記不失為有效的方法。

勵志的書中披露著積極火焰，它總令我如醉如痴的欣賞玩味。最後，我會吸收它成為性格特質，成為活得起勁的薪火。

我之所以喜歡勵志的書，也許源自祖父的教導。小時候，祖父經常為我說些小故事，有些來自鄉下野台戲，有些來自歷史人物典故，但大部分是親朋好友的軼事。他會告訴我那一位鄉人是如何努力而成功的，這位親戚又是如何奮鬥才發達的。在他老人家的眼裡，每一個人似乎都值得我們學習，有時點出他們正面的優點而加以稱讚，有時點出負面的缺點，叮囑我們避開那陷阱。

小人物的積極生活智慧，對人的啟發遠比經典事例更具效果；小人物的大啟示，有時遠比大人物的訓示實用。後來我看了許多勵志書籍，研究成功者的性格特質和成功的關係，卻額外的發現：

1. 偉人未成功前，他還是一個小人物，他們的行誼潛藏著豐富的勵志素材。

2. 讀勵志的書不是要全盤照抄書中的意見，而是要消化吸收個中的寶貴經驗，供自己所用。

3. 勵志書往往給人一個認同的指標，典型就在夙昔，它引發人旺盛積極的毅力去完成夢想。

在我的成長過程中，曾經遭遇到許多困難，早年我靠著祖父和母親口述的勵志故事，點燃了上進的薪火，後來，我自己讀了很多勵志書籍。空虛時讀它，會令我有新的理想；疲累時閱之，能令我振作；挫敗時讀它，使我產生新的勇氣。

因此我鼓勵我的孩子們讀勵志的書，不是用野心來讀它，而是用虛心來感受它；從有注音符號的勵志小品到皇皇巨構的傳記，他們也從中學會夢想、積極、肯幹和忍耐。勵志書有以下幾種效果：

1.它就像一面鏡子，從中會發現自己。

2.它是精神生活的饗宴，每讀一本你就汲取了許多生活智慧。

3.讀勵志書就像結交了一位良友，可以聽他娓娓訴說著成功者的成敗辛酸和回應之道。

4.它能開啟心靈生活的寬闊視野。

## 隨機建立信心

孩子的豪氣是在生活中隨機陶冶起來的，它不是透過要求或訓練，而是從生活經驗中發展出來，是從你的言談及與你的相處之中自然受到影響的。有些父母師長，和孩子說話時，能支持孩子的信心和自尊，孩子跟他的關係親密，能以坦然的心情跟長輩說話，人際距離拉近，彼此容易貼心和溝通。長輩在孩子心目中代表權威，孩子若不畏懼權威，就能獨立思考，對於能力比自己強的人，願意虛心求教。反之，那些被父母親批評、被師長藐視的人，對於有成就的人或比自己能幹的人，都會產生抗拒和敵意。這就是為什麼失去自信和自尊的孩子，老是要交一些不三不四的朋友的原因。

父母師長要懂得欣賞孩子，看出孩子的優點。孩子只要被賞識就會有信心，願意和大人交往。這一來他就不再寂寞孤獨，勇於表達和學習；更重要的是，他勇於認錯、勇於嘗試學習新的事物。

對於較大的孩子，父母或師長要善盡職責，在日常生活中，隨機為他講解新知，孩子無形中所學到的豐富知識，是很具體、實用的。所以父母和師長必須不斷進修，才有新的知識和孩子分享。這種發展孩子記憶更多新知的聯想，能構成思考的主體，對孩子學習新知裨益殊大。

學習需要信心，有些父母在孩子就學之前，嚇唬孩子說，在學校如果不乖，老師會打人；考試不及格，大家會瞧不起他。這種談話是徹底的壞教育，因為這樣的暗示會給孩子帶來不安和懼怕。

懼怕是一切緊張、焦慮和情緒疾病的根源。經常採取恐懼和威脅的手段，強制孩子學習或就範，無異埋下孩子焦慮性格的種子。即使父母師長有時必須強制孩子服從規範，但僅止於強制，不能加上恐嚇或情緒性的吼叫和體罰，這對於孩子的豪氣是一種貶抑。

有些孩子先天就比人怯弱，父母師長要花更多精神，幫助他發展自信，建立其主動與人交往的能力。你不是命令他有信心，或規定他表現出信心，也不是強迫他去跟別人做朋友，而是為他鋪上橋樑，讓他有機會自然跟別人交往，跟同伴合作學習和遊戲。

倘若父母或師長沒有善盡協助之責，反而責備孩子膽小，罵孩子沒骨氣，那麼孩子發展的動力會被壓抑下來，轉變成焦慮，心理會越來越不健康。從諮商輔導中，很容易觀察到幾個現象：

1. 無論人際關係不良、學習活動挫敗或者身心不適者，他們都有一段強烈的懼怕經驗；有些來自教養上的不當，有些來自不幸遭遇。他們真正的焦慮根源是懼怕。

2.失去信心和豪氣的人，往往會尋找藉口；這些藉口通常是疾病、不適應的症狀。

3.信心和豪氣漸失的孩子，在校園暴力或人際衝突中，往往淪為被害者，他們不敢挺身而出，只能低聲飲泣或暗自療傷。壓抑到一定程度時，則可能採取非理性的處理手段，如自殺或孤注一擲的攻擊。

4.這些缺乏豪氣的人，容易發生意外，也比較容易生病；他們進急診室的機會比一般人高出三倍。

5.他們在成家之後，由於壓抑和不快樂，對於子女的教育也較差，其子女的人格成長，比一般人要遜色。

父母和師長的身教，是孕育孩子豪氣的基本資源。父母能欣賞孩子做對、做好的地方，和他分享成功的喜悅，孩子的自尊就得到了伸展，而不是每天告誡他「要有信心」、「要勇敢地跟別人交往」等等。欣賞孩子的優點要真實，只要你細心去觀察，一定有很多值得肯定的地方。你很自然的說出，流露在彼此的生活互動之中，就是最好的讚美。讚美不是虛應故事或灌迷湯，那不但無益，反而有害。

此外，父母師長能在孩子面前，表現改過遷善的行為，有助於孩子勇於認錯的豪氣。勇於認錯的孩子，充分表現出主動學習的特質，清醒地覺察錯誤在哪裡，他們學會避免錯誤和勇於改正的生活態度。這樣的孩子，無論在學習、品行、人際關係上，都容易有好的表現。

父母師長也要做不恥下問的表率。孩子隨著年齡的增加，所知所學的能力漸增，他們學會你以前不知道的事物，你要對他表示欣賞，向他請教，傾聽他的述說；即使有些是錯誤的，你不妨多聽、多點頭表示了解。當然你可以提出疑問，讓他思考，但不能以「瞎掰」、「道聽塗說」、「沒弄清就不要說」等來責備他。要注意！你能傾聽，提出你的疑問，就能培養孩子求知的興趣和澄清觀念與事實的機會。

失敗並不可恥，要避免孩子害怕失敗。父母要在身教中表現從容面對挫敗，願意努力設法解決問題的態度，而不是採取借酒澆愁、憤怒、抱怨、諉過等反應方式，孩子就能從中學會面對失敗的豪氣。人注定要經歷許多挫敗和失意，若不及早培養孩子這方面的能力，將來事到臨頭，很容易心灰意冷，失去重新站起來的能力。

說真話需要豪氣，勇於認錯需要豪氣，肯學習新知更要豪氣。孔子說：「知之為知之，不知為不知，是知也。」承認自己有所不知，才能克服心理學上所謂抗拒學習（resistance to learning），從而發展主動學習和求知的能力。

## 處罰的後果管理

此外，體罰是否有害於孩子豪氣的培養呢？體罰不能拿來當作鞭策學生用功的工具，那會使孩子失去主動學習的能力，當然豪氣也就受到抑制了。同時，孩子若養成因懼怕體罰而求知的心態，那麼求知的喜悅和對新事物的探索力，就完全被犧牲了。因此，父母和教師不能用體罰來鞭策孩子用功，因為體罰不但容易造成懼怕和焦慮性格，而且會令孩子失去主動求知的興趣。台灣普遍的研究和讀書風氣不好，顯然與被迫學習有關；孩子一旦畢業，沒有人催促，就不再學習新知了。

體罰是不是真的一無是處呢？坦白說，它是一帖猛藥，必須慎重考慮才能使用。它就像醫生的外科手術，可以用來割除病源，但必須注意使用的原則：

1. 體罰不能當作鞭策學習的動力，只能用在行為矯治上；而且用得越少越好，要避免傷害到孩子的身心。
2. 要事先約定規範，不可實施情緒化的體罰；要跟孩子說清楚，讓孩子明白原因才執行。
3. 孩子一旦改過向善，要即刻給予鼓勵或獎賞，讓新的行為得以強化牢固。
4. 體罰的目的不是壞行為的報復，而是行為的矯正；採用時要究明事實，讓孩子有說明申訴的機會，不可以單方面一意孤行。

我給父母師長的建議是，體罰是一種很強烈的教育方法，一個正常的孩子用不著使用它，如果要用，請依上述原則使用。一個孩子成長到大，建議你最多使用不超過三次。有些父母師長以為體罰有用，而養成依賴它的習慣，經常使用之下，孩子的主動學習和那份天生的豪氣就會被壓抑下來；父母和教師則由於依賴體罰，也就失去尋求有效指導孩子的其他教學策略。

體罰最容易被父母親用來處置孩子犯錯，說那是罪有應得的結果，而沒有教會孩子如何運用正確的方法解決問題，這對孩子的成長無益。

我贊成建設性的處罰。曾任民族國中校長的周麗玉女士的作法是：「放學時，我把犯規的孩子找來校長室，要他們聽我講話，一講就是一個鐘頭，他們一方面得到處罰，一方面得到校長為他們講解為人處世的道理。」有一次她對我說：

「我把孩子們找來校長室，圍著圓桌坐一圈；他們觸犯了校規，都知道是來接受處罰的。那一天我不對他們訓話，而是給他們一篇感人的勵志報導，讀完之後就進行討論，每一個孩子都受到感動。這些孩子也都因為建設性的處罰而得到新的學習。

「有一次，我處罰幾位最頑皮的學生，要他們每天放學後都到校長室報到；我陪他們專心讀指定的書籍或文章三十分鐘，連續一段時間，發現孩子們養成了閱讀的興趣。於是我在校長室的書架上放了許多書籍，鼓勵他們借回家閱讀，孩子們不再頑劣犯規，反倒和我更親近，並一起討論起書上的情節。他們改過向學，讓我感受到教導孩子的喜悅。」

周校長所採取的是培養信心，欣賞孩子們的優點，更重要的是她對孩子犯過毫不縱容，所以孩子終於改過向上，他們的豪氣再度被喚醒。

處罰孩子的父母師長，其行動與過程就是一種身教。過去我在美國俄亥俄大學進修時，知道學校對於犯過的學生，經過開會討論，處以各種不同的處罰。有一次，一位大學生與人發生衝突，毆打了對方。學校知道情緒失控的人，有朝一日還會再犯，所以強制他一定要參加學校所辦的情緒管理研討會。這種處罰對學生有積極的價值，也同時達到制裁的效果。學校或教師對學生施以處罰時，所表現出來的冷靜、客觀和愛心，本身形成一種理性與愛的表現，這種表現是最好的身教。

擔任教育部訓育委員會常委期間，我曾經收到家長的投訴，他們的孩子確實在學校鬧事，違反校規，不聽管教；但是學校卻以孩子離家逃學的過錯為理由，要求學生轉學或休學。他們所受到的處罰是被拒絕，而不是改過或強制矯正，孩子從師長的表現中，所得到的是錯誤的身教。更值得警惕的是，有些中途輟學的孩子，當父母親尋回他們，說好說歹，把孩子送回學校時，卻遭到學校的拒絕，結果，孩子變得更加自暴自棄。這種處置方式，所表現出來的身教效果，比處罰的傷害要嚴重得多。

因此，學校要注意：處罰的目的是為了教好孩子，而不是拒絕孩子。孩子一旦受到學校的拒絕，豪氣與理性思維必然受創，他很容易墮落，誤入歧途。

## 越過困境

幫助孩子克服困難，支持他走過困境，是教育過程中很重要的事。有些孩子也許經歷了家庭變故、父母離異，或者意外遭到傷殘、失戀或感情困擾，以上種種都需要父母師長給他支持和愛，協助他度過難關。

多年前我輔導過一個個案，孩子的父親得癌症，從發現到死亡時間很短，這對她而言真是晴天霹靂。由於母親在父親死後必須負擔家計，一大早就去市場賣飯糰，於是料理家務和協助弟妹們上學的工作，都落在這個國一女孩身上。她沒有充分的時間念書，使得原本名列前茅的孩子，功課漸漸落後。教師並不知道孩子的遭遇，以愛之深責之切的方式，督促孩子要用功。個性內向的她，沒有向師長透露自己的困境，以致對於老師的公開指責，內心甚感不平。學期結束，雖然後半學期成績退步，但平均起來，還能維持班上第三名，依學校的規定，她可以得到獎學金。但是老師為了懲罰她退步、不用功和執拗的個性，因而宣布第三名的獎學金要給第四名。

孩子夢寐以求的就是獎學金，因為它可以貼補家用，可以給母親一點驚喜，做為弟妹們努力用功的表率。當老師公開宣布取消她領取獎學金的資格時，她的心碎了，夢想落空。她站起來與老師理論，和老師發生強烈的口語衝突。

一個剛承受喪父之痛的孩子，要負擔家事，料理弟妹們的起居，照顧他們上學，即使再堅強，碰到這種狀況，怎麼會不絕望傷心呢？從此，她拒絕上學，任母親怎麼規勸都沒用。母親到學校請老師幫忙，由於溝通不良，沒說多少話，親師之間也陷入獎學金的意見衝突上。

我接到這個個案，傾聽她們母女的辛酸，再看看她們堅持執拗，不願意讓同學和教師知道家裡遭逢變故，我不禁也為之鼻酸。這孩子經過面談，進步很快；為了避免她再度受創，我安排她轉學到另一所學校，新的校長和級任老師很支持她、欣賞她，這孩子的眼前再現陽光。我看到她進步很快，重拾對人的信心，且漸漸對過去的敵意釋懷。

我經常請教有經驗的教育工作者，「你怎麼帶領身陷困境的孩子走出陰霾呢？」歸納起來是：

1. 由接納、了解、體諒中建立信賴，用你的肯定和積極思想影響孩子，要讓他知道，無論如何你會幫助他。
2. 要經常接觸，即使很短時間的交談或照面，都能讓孩子知道你在關心他、支持他。
3. 給他一些必要的協助，包括學習、經濟生活、人際關係等方面的資助。

4. 必要時要請專家協助，例如有嚴重的敵意、自我傷害或情緒症狀時，要引導接受專家的協助。

孩子在走過困境之後，有如雨過天青；但是陪伴他的人，無論是父母或師長，總是要付出很多時間、耐性和愛心。愛人助人是辛苦的，必須有所認識；不過，當你看到他們一步步的成長，乃至踏上坦途時，你會得到真正的喜悅。

豪氣是個人精神生活的元氣，保存豪氣，就像俗語所謂「留得青山在，不怕沒柴燒」。孩子的功課可以不及格，豪氣卻不能絲毫受損傷。有豪氣就能走出自己的人生路，能克服困難，獲得成功。孩子現在沒有把書讀好，留著豪氣在，有信心、有主動性，將來他們還有許多機會讀書。豪氣決定一個人的堅毅，影響挫折容忍力，它是教育工作中最先要培養的人格特質。

我常聽到許多人在辯論國中「認識台灣」這門課要教些什麼。這件事當然要交給專家，不過我要指出，有一件事一定要教，那就是它的文化特質——豪氣。你可以從民謠中體驗到「透早就出門」的堅毅，可以從流行歌曲中領受「愛拚才會贏」的豪氣，你也可以認識到，這世界上何處有市場，何處就會有台灣的商人。我們要把這份豪情傳遞下去，要把生命的活力孕育出來。這是認識台灣最重要的一課。

近年來，我從教育及輔導實務上觀察，發現青少年的豪氣漸漸式微，挫折容忍力和刻苦耐勞的情操漸漸流失，這是教育上必須檢討的事情。從調查得知，負責任、合作和挫折容忍力是當今青少年所缺乏的性格特質，當然這就是我所謂的缺乏豪氣。

此外，近幾年來醫學上的統計，罹患憂鬱症的人口有增加的趨勢。憂鬱症對人的最大危害是剝奪正常生活的功能和工作意願，罹患這種病的人，會覺得沮喪、厭倦工作、睡眠不好，甚至想把工作辭掉。其實，豪氣的喪失就是憂鬱症的溫床。

憂鬱症是一種情緒病，它令人鬱卒，失去活力、失去迎接挑戰的鬥志，簡單的說就是豪氣盡失。它將會是新時代的流行病，父母和教師必須對它有所了解。倘若我們不在教育子女的方式上有所調整，將來會造成整個社會的大難題。

# 8 發展健全的自我功能

心平何勞持戒，
才高不畏擔當；
縱有挫折，終必成就。
天下事無難，
只須有心人；
多學多聞多思考，
多才多藝多磨練。
學若不厭，成功人生必然實現。

心理健康是一生當中最值得重視的一環，它決定個人的生活品質及適應生活的能力。所謂心理健康，是指一個人有良好的自我功能，能解決生活上的問題，有良好的情緒習慣和豪氣。前面我們已對豪氣和毅力作了探討，現在我們要就健全的自我功能加以說明，並闡述如何培養它。

生活是一個艱困的歷程，這是一個真實的現象，所以佛陀把它稱作苦聖諦——苦是生命世界的第一個真理。為了克服生活的艱辛，人必須有一套方法來消除痛苦，它就是智慧。智慧當然能產生工具和工作的方法。透過它，我們能解決問題；透過它，我們能在苦中作樂。

人類在面臨艱難和痛苦時，同時受到它的教誨，產生許多工具和知識，去解決問題，這些工具就是紀律。簡言之，紀律就是知識、思考和方法。佛陀在圓寂之前，弟子阿難曾問他說：「你離開人間之後，我們這些弟子，要拜誰當老師呢？」佛陀的回答竟然如此的簡單：「以戒為師。」戒就是紀律，是一套有效的工具和方法。

紀律或工具就是一個人的自我功能。自我功能越好，發展出來的紀律和工具越精良；同樣地，紀律和工具越精良，自我功能就越好。面對艱辛的生活現實，我們需要工具；工作需要工具，思想需要工具，解決問題需要工具。所以，痛苦和艱難不斷地教導我們運用工具來解決種種問題。

## 培養自我強度

自我功能越好，能承受生活壓力和困難的挑戰越高，解決問題的能力也就較強。因此，教育子女要從自我功能著手，學校教育也要以之為重點。

就實務上觀察，孩子如果長期受到虐待、批評，缺乏成功的經驗和喜悅，他的自信和自尊就建構不起來。因為他的自我是由許多挫敗和不愉快的經驗所構成，形成了一個不好的我，這是導致偏差行為或心理功能異常的主要原因。

父母師長要多多欣賞孩子的優點，給孩子獲得成功的機會和經驗，培養家庭生活的喜樂和情趣，提供互相關懷和支持的人際關係。這些生活內容，會使孩子凝結成一個好的自我。請注意！這些條件必須在生活中直接體驗和實現，而不是用口頭表達所能建立的。要培養良好的自我強度，必須注意以下幾個原則：

1.幫助孩子在日常生活中獲得成功的經驗，它的認知活動和喜悅能構成信心，形成自我的統整。

2.讓孩子得到愛、關懷和支持，並鼓勵他也能關懷別人、支持別人，以建立與他人的相屬感。

3.要作主動學習的示範，同時要鼓勵孩子主動嘗試的勇氣；主動學習是孩子成長的最佳選擇。

4.避免對孩子凌辱和批評，要平心靜氣的指正錯誤；大人對孩子的抱怨，無益於正當行為的培養。

支持孩子的心靈就像整治一塊水田成旱地的歷程一樣。如果你每天去挖掘踐踏，這塊水田就變成爛泥淖，物品放置上去即刻沉沒，因為它已失去承載負荷的強度。整治它的方法是，先把爛泥扒成一堆，讓它漸漸乾硬，再繼續延伸擴大堅硬的面積，最後水和泥分開，呈現堅實的土地。父母和師長必須一點一滴去幫助孩子獲致成功的經驗，就像扒泥成堆一樣；必須賞識孩子的優點，就像陽光把爛泥堆曬乾一樣，這樣才能建構孩子好的自我強度。

從那些懼學、厭學的青少年個案中，我發現他們原先在學成績都不錯，但隨著年級的增加，家長憂患意識的提高，對孩子說話時總是擔心他考不好，督責孩子不夠用功，孩子每天所聽到的，盡是些消極的訊息，壓力倍增，信心漸失。他們不但失去學習的興趣，連鬥志也沒有了。

有一位高二的學生說，「我不是為我而學習，所有的成績是要考給父親看的。我知道他很愛我，但他完全介入我的學習和生活。我沒有了真正的自我，沒有喜悅，沒有我的興趣；現在，我也不知道為什麼要求學了。」看著他一片茫然的態度，絕望的表情，沮喪的眉宇，對照著父親仍然堅持權威式管理的態度，不禁想起另一位跟他相仿的父親，就在諮商室裡追悔過去說：

「我是愛護子女的，幾乎什麼事都為他們著想，為了他們好我管得多、督促得嚴，怕他們做錯決定、選錯科系，於是強制他們聽我的。他們從小都很聽話，我也沒有想過這有什麼不對。可是到頭來，孩子既不讀書，也不肯去工作，是一個情緒困擾的人……現在，我只想他能正常的生活就滿意了。」

像這樣的懺悔，我見過不少。有一位父親到諮商室請教：

「我女兒越來越不聽話，也不跟我交談，晚上總是很晚才回家；她都已經上大學了，為什麼卻越來越不聽話呢？」

「你是不是管她太多？」

「從小關心到大，在還沒有結婚之前，我當然要負起責任。」

「你跟女兒爭著管她的事，意見相左時，摩擦也就不能免。如果你把她的事交給她自行處理，她就得學習負起責任。你可以訂立一個簡單的家規，例如最遲幾點要回家，有事不回來吃晚飯要電話告知等等，規定越少越好；至於讀書的問題，應由她自己安排，交友的事由她自行處理。小時可以多關心，大了要放手讓她負責。」

許多父母對子女管得太多，批評和不滿也就成為家庭的常事。久之，不但傷害親子感情，而且壓抑孩子獨立負責的個性。當然，父母親還是要負起教導子女的責任，為了讓父母與子女間保持良好的互動，我建議以下幾個相處的要領：

1. 對事不對人：讚美或指正過錯時，只把事說清楚，不對人批評或灌迷湯。
2. 很自然地欣賞孩子的優點：這種發揮支持和關心的效果，能使良好行為得到增強。
3. 孩子作新的嘗試時，要事先幫助他作必要的準備，協助他爭取成功的經驗。

父母師長應把握以上原則，幫助孩子獲得成功的經驗，建立信心，孩子自然能發展良好的自我功能。反之，如果你以愛之深責之切的態度，每天給孩子教訓，功課再好、天賦再優異，也會因為自我強度不夠而脆弱敗陣。

其次，父母師長要在日常生活之中，教給孩子更多解決問題的能力。家事由父母帶著孩子一起做，會使孩子變得能幹；從小讓孩子參加各種聚會，可以培養人際關係的能力；帶著孩子參加正信的宗教活動，孩子容易有正確的信仰。

多才多藝的教育，不是把孩子送去補習班才能學到；真正多才多藝是在生活之中學來的。我並不反對讓孩子從才藝班中學些才藝，但如果孩子不能發展成良好的自我功能，在人際關係上退卻，在學習上變得被動，在情緒上無法控制管理，那些技藝又有什麼用呢？

我的母親教我很多才藝，讓自己有辦法創造所需。我們為了養豬還債，媽媽和我共同增建了豬圈；為了在深山墾地種番薯，我們能搭建茅屋；為了使小小的屋子住得舒適些，我們胼手胝足，用木頭和竹片做隔間。母親說：

「多才多藝，困境就難不倒你。」

「年輕人樣樣都得學，但墮落不要學。」

「去學一技之長，你就不會挨餓；有機會就讀書，學會更多知識，就能做有用的人。」

小時候母親帶著我做過許多工作，後來我能做她不能做的事，於是信心大增，她則在一旁鼓勵欣賞我，這是我成長的動力。現在，秀真和我也用這種方式培養孩子，我發現他們都令我們欣慰。

我在《父母之愛》一書中，曾經引述美國哈佛大學心理學家韋朗特追蹤研究一組青少年數十年的結果。發現童年時打工、負責家務、課後活動等方面做得較多的人，比起做得少的人，在成年後的表現明顯更優異。研究發現，他們交遊廣闊可能性比一般人高一倍，獲高薪工作可能性大四倍，失業可能性小十五倍；此外，他們樂觀、充實。至於童年歷練較少的人，則犯罪被捕的可能性高，精神不健全的可能性大十倍，未成年死亡的可能性大六倍。研究也發現，孩子的智商、教育程度、家庭社會背景及經濟生活，對這些被追蹤的青少年後來的歲月，影響不大。

從研究中發現，孩子越少參與現實生活的工作，越不能發展出健全的自我功能。因此，師長們不要過度重視白紙寫黑字的學業成績，要重視生活的實際體驗，孩子才能學會真本事。孔子說：「吾少也賤，故多能鄙事。」多給孩子實務的經驗和生活中的磨練，有利於孩子自我功能的發展。不過，這種磨練不能建立在強迫上，不能讓孩子覺得他被磨練；而是要建立在自然的情境上，由親子一起努力去完成。

## 精神生活的紀律

自我功能表現於精神生活的調適上，精神生活越健全，自我功能也越正常。人為了面對許多挑戰，就必須有一套精神生活的紀律，才能無艱不克，活出成功的喜悅。心理學家佩克（M. S. Peck）曾把人類精神生活及其適應所需的紀律，歸納為以下四項。我認為它們是自我功能的核心：

1. 延緩報償：先付出代價再享受成果，並學會自我控制。
2. 承擔責任：負起責任，才能學會種種能力，得到真正的自由。
3. 活得真實：認清自己，了解現實，活得真實而不迷失。
4. 尋求平衡：透過自我控制和割捨，維持平衡的情緒。

因為知識、技能和職場上的動力，都是運用這四項工具發展出來的；它們不但是使一個人變得能幹的條件，更是一個人開展健康人生的資源。我相信能延緩報償，孩子才會有耐性學習新知，心情才能維持愉快；肯承擔責任，將來才會越來越能幹，前途的開展才沒有障礙；能面對真實，才不致虛妄，誤入迷途；至於尋求平衡，才能維持人的健康而免於瘋狂。父母師長的身教，必須以此四則為依歸，才能教好孩子具備健全的自我功能。

有些孩子他們放學回家後，第一件事是打開電視，第二件事是打開冰箱。他們坐在沙發上，邊吃邊看電視，把功課放在一旁。到了晚間，吃過晚餐，東摸摸西玩玩，沒有一件功課做好的。父母親說，「你要先把功課做完再玩。」孩子很不厭煩地說，「等一下再做嘛！」

這樣的孩子，功課經常沒有按時交，學業成績不好，老師交代的作業總是拖拖拉拉，惹得父母生氣，教師對他無可奈何。如果催得緊些，他乾脆告訴你，「我對讀書沒有興趣！」那麼他對什麼有興趣呢？告訴你，他對於需要付出辛苦代價的事，都沒有興趣。你會問，為什麼孩子會這樣？答案很簡單，是從家居生活中學來的。

從諮商談話中，得知這些孩子，往往有「要享受但不肯付出代價」的惡習。他們在年幼時，父母親或家人樣樣服侍他們，替他們準備一切所需，很少讓他們動手自己做。更嚴重的是，父母缺乏警覺性，一直替他服務下去。最後，這個習慣終於牢固，漸漸普遍化成為生活態度。這種態度是由許多生活事件造成的：

1. 他們不必協助家人先付出努力，再享受成功的果實。
2. 有吃的東西，從他愛吃的先吃；有衣穿，一定先穿漂亮的一件。
3. 參與家事時，專挑最輕鬆的做。
4. 父母親替他做得太多，養成孩子好逸惡勞。

孩子年幼的時候，如果任由他享受種種方便，年齡漸長就會養成拈輕怕重的習性。這樣的孩子，即使功課好，沒有為你帶來學業跟不上的困擾，將來踏入社會工作，他的好逸惡勞、不肯先付出代價再享受成果的習慣，一樣會造成工作適應的困擾。

我觀察過許多父母親，他們自己就缺乏「先付出代價再享受成果」的生活紀律，生活雜亂無章。他們常常一時興起就去做，根本沒有把該做的事排列順序，依次去完成。孩子的眼睛是雪亮的，他們很快地因襲了這種不良習性。

孩子養成這種惡習之後，會為父母帶來許多困擾。他們衝動、隨興行動，不願意接受父母或別人的建議；更嚴重的是他們逃避責任、不肯上進，到最後，總是為了貪圖享樂或一時的衝動，為非作歹。這樣的孩子很難矯正，最後走進矯治單位或監獄的可能性是很大的。

缺乏延緩報償能力，會使一個人變得急切不堪。在他還沒有來得及學會創造所需之前，他已經堅持需要它。這些孩子會輟學，會講大人口氣的話，連行為態度都像成熟的成人；但是他們所說的是他要的成果，他根本沒有耐性去做，去努力獲得它。也就是說，他無法為自己負起責任；一般所謂「沒有責任感」的心理背景就在這兒。

因此，初為父母的人要注意，結婚生子固是倫常，但真正的倫常是把家持好，把孩子教好。許多年輕夫婦，不了解教育子女的要領，把孩子交給住在遠地的父母帶，自己置身事外，或者送到保母家寄養，一個星期才去看一次。及屆學齡才帶回家裡，吃的是外頭的餐館，用的是隨興買回來的物品。玩具形形色色，用過就丟，缺乏維護和保養的習慣，凡此都是不良的身教。我要勸告年輕的父母，不要因為你一時的疏忽，讓孩子學會不能負責的惡習。

未成年結婚的人，他們大部分不能負起責任，他們養育出來的孩子，相對地也缺乏自制和負責的能力。台灣十五歲到十九歲年齡人口的生育率是千分之十七，這年齡層的小媽媽所生育的嬰兒，每年有一萬五千名到一萬七千名之多，這些年輕父母和嬰兒，就要靠他們的長輩協助教養了。

## 延緩報償的能力

每個人都應該努力工作，滿足自己的需要，維持其生計。不過，需要的滿足不是驟然可得的，有時必須忍著飢腸轆轆完成該做的事；有時必須有耐性等待，因為報償的時間未到。人有延緩報償的能力，才有成功和豐收。有一首禪詩寫道：

不惜過秋霜，
圖教滋味長；
縱然生摘得，
終是不馨香。

延緩報償，才會有真正的豐收，急於採收未成熟的果子，總是不馨香。所以，堅持和耐力是成功人生所必須具備的精神力量。至於貪圖眼前的輕鬆，不肯紮下踏實基礎的人，便不可能有豐碩的未來。

你怎麼做，你的孩子就怎麼學。你喜歡逞一時口快，批評別人、責罵別人，當心孩子也會染上你的膚淺，人際關係必會受到影響。你只貪圖一時的享樂，而不願意努力打好根柢，孩子也學會你只顧眼前、不思未來。

如果你是把家事做好，才打開電視來看，孩子就學會先苦後樂，他們在功課未完成前，也不會打開電視。一般人的錯誤是整天開著電視機，沒有讓孩子學會自我控制，學會先做功課再看電視的紀律。

其次，對於孩子的需要，有求必應，從來沒有延遲給予過。到了國中的年齡，向你索求金錢或協助，如果你沒有及時給他，就會發脾氣！他們缺乏延緩報償的觀念，失去設法解決目前得不到滿足的能力。請注意，從未學習延緩報償的行為，也是教導上的缺失。這些沒有耐性的孩子，情緒變得暴躁，長大之後挫折容忍力也差。

回顧我的孩子童年時的往事，上街或逛百貨公司採購，我們一定帶他們一道去。在出門前，大人總要把話說清楚：

「孩子！上百貨公司是要買家用的東西，要先買吃的、穿的和用的；當然我們也會去玩具部門，那兒玩具很多，有些玩具價格很貴，如果買不起，我們就盡情的欣賞它，等到有錢時再買。不過，可以依照我們的經濟能力，購買適合的玩具。如果你們同意照辦，就一同上百貨公司，屆時不能在百貨公司胡鬧。如果你不同意，那麼就留在家裡，奶奶會陪你們玩得很好。」

因為百貨公司物品琳瑯滿目，太好玩了，孩子們當然要去，於是全家浩浩蕩蕩上街採買。我們選完日用品之後，依約來到玩具部。兩個幼童很專注地看玩具，欣賞它，讚美它，然後小聲地問：「我們有足夠的錢買遙控汽車嗎？」

我靠近他們的身旁說：「我知道你們很喜歡它，但是口袋裡剩下的錢不夠買那部遙控車。不過，你們可以討論一下，用現有的一點錢，去買能買到的玩具；或者今天暫時不買，把錢儲蓄下來，下一次來的時候，就能買得起遙控汽車。」

兩個孩子一起商量，時而目不轉睛地看著偌多玩具，最後他們說：「我們今天不買玩具，把錢省下來，下一次把錢存夠了再來買我們喜歡的遙控汽車。但我們會好好的欣賞，看個過癮。」聽了孩子的話，秀真和我覺得很安慰，因為他們已學會延緩報償了。當天，為了鼓勵他們的正確決定，各買一支棒棒糖給他們，高興地打道回府。

出了百貨公司門口，我問孩子，「如果我們搭公共汽車，就可以省下一筆錢，對於湊足錢買玩具是有幫助的，你們意見如何？搭公車或叫一部計程車？」孩子們異口同聲，高興地舉起棒棒糖說：「我贊成搭公車。」孩子們所需要的遙控汽車，在下一個月上百貨公司時實現了。

孩子天性純真，遇事沒有什麼緩衝的時間，一般說來，對於所需要的東西，都會很急切。如果孩子要什麼就給什麼，就會增強其急於星火的特性。因此，父母師長也要給他另類思考的教育，讓他有機會在很自然的氣氛下，學習戒急的習慣。

孩子念國中時，總不免忘掉攜帶老師指定的文具器物，甚至也會把作業遺忘在書桌上，到學校才急忙打電話回家請求救兵。通常，我們都會及時幫助他們，讓他們感受到關心，得到家庭給予的安全感，這對發展健康人格是必要的；不過，媽媽偶爾也會給他們一些學習機會，在電話中告訴他們：

「孩子！我知道你很急，但現在我要去開庭，你知道那是遲到不得的；你是否可以向老師好好說明，中午的時候我一定把你的作業送到學校門房。」

你別小看這些點點滴滴，這都是訓練孩子延緩報償的最佳題材，同時也是讓孩子學習跟老師溝通的好機會。學習延緩報償本身，同時就是學會解決問題的能力。

還記得念高中的兒子，說好說歹希望買一套電子鼓，那需要一筆可觀的經費。幾經向秀真遊說，還是不被同意。有一天上午，孩子又向她遊說需要購買的理由，我只聽到秀真斬釘截鐵的回答：

「孩子！這不是急要的東西，經費有限，我已經跟你說過，目前不能買你心愛的電子鼓，請你別再跟我提這件事。」從此，孩子沒有再提它。我很欣賞秀真這種堅定的態度，因為延緩報償的能力就是這樣培養起來的。

## 學習自己承擔

你給孩子機會承擔，孩子就能學會責任；你自己是有擔當的人，你的孩子也能亦步亦趨。俗語說：「大人在做，孩子在看。」如果你希望孩子有擔當，將來能兢兢業業的生活和工作，那麼請陪著他們學習這項寶貴的能力。

肯擔當就不會逃避；心理症狀就是逃避責任的藉口。許多偏差行為，是不肯承擔的表現。負責的人，終其一生莊嚴自尊；不負責的人，落寞沮喪。有擔當的人神采奕奕；不肯承擔的人則鬼鬼祟祟。父母和師長必須在這方面做出好身教。

擔當表示一個人願意克服困難，接受挑戰；它使一個人發揮反省、思考的能力，並具有創造的行動。擔當也表示，不會把錯誤、應有的責任推卸給別人。

養成肯擔當的習慣，自我功能就會強大起來；負責的人多半能力好，經驗豐富，是大家爭相羅致的人才。當然，他的思考和生涯發展，也有較寬廣的自由空間。

肯擔當不是強制訓練來的，它的基礎是愛和鼓勵。你要讓孩子嘗試負起責任，讓他覺得自己能幹和重要，覺察到凡事不可馬虎，從而發展認真工作的特質。擔當可分為兩個層面：一方面是勇於負責，自動自發把該做的事做好；另一方面是對後果的期許，為了把事情做好，維持一定的品質，必須認真要求自己。

培養主動承擔的習慣，父母師長必須容許孩子去嘗試；即使沒有把事情做好，也要給他精神支持，甚至要設法幫助他、鼓勵他，讓他有勇氣承擔挑戰和工作。多年前，當兒子上國小後，我們開始讓孩子分擔家事；除了幫忙打掃整理家裡之外，也教他們洗菜、洗米，使用電鍋作飯，甚至在大人監督下動手切菜、炒菜。我們很欣賞他們的靈巧，也告訴他們如何避免意外。對孩子的教育，我的信念是：先指導後練習，學會後由他自己做；一件一件來，一步一步教，孩子學得紮實又歡喜。

主動負責的習慣一旦養成，會潛移默化到生活的各個方面。記得孩子念高中時（一個高二，一個國中畢業），他們想淘汰舊電腦，我教他們自己去議價，貨比三家就不差。經過他們比價商量，幾天下來卻告訴我，「我們要自己裝配，這樣既經濟又實用。」我知道他們參加了學校電腦社團，懂得一些起碼的知識，不過我不能肯定他們是否有能力自己裝配。我遲疑了好一會兒，想著自己年輕時有許多自己擔當的機會，學會很多能力，毅然決定讓他們試試。

於是一兩天內，一箱箱的零件擺進書房裡，那是一個暑假的夜晚，他們聯合動手開始拼裝。看他們全神貫注，儼然像技術員一樣幹起活來。到深夜一點多，電腦裝好了，可是不會動。於是我也加入他們的拼裝行動，只是我根本看不出毛病出在哪裡。這時，他們弄得既無奈又疲倦。我知道有些父母可能會說洩氣話，「我早知道你們弄不出什麼名堂。」但我警覺地不這樣說，我說：

「電腦只要有一點地方沒裝好就不能運作，也許是零件的問題，也許是接觸不良。孩子！今天我們已經盡力了，雖然還不能運轉，但也不能說不成功。現在我們最需要的是休息和睡眠。此刻，我們若能擺下來，安心的好好睡一覺，明天才有精神再檢修，這是做為一位科學家所必須有的生活態度。放下它！咱們去睡覺！」

孩子們果然去睡覺，第二天一早，他們決定把主機送回店裡檢修，聯袂請教店裡的技術人員，克服了問題，電腦終於動了。從那時起，他們學會獨立學習，在軟硬體方面有較多的經驗和知識，對於理工科也就更有興趣了。後來，他們都如願地選擇他們想念的學門。

孩子們從小就養成主動學習，自己去找答案的習慣，所以沒有參加補習。老大高一那一年，朋友告訴我，「孩子一定要補習，否則會考不上好學校。」他終於被我說動，同意補一科數學。每一次上完補習課回來，總是跟我談談學到什麼，筆記裡有什麼，老師教學的特點又是什麼。我很敬佩他把筆記抄得很整齊，又把每一次考試的成績告訴我，他讓我了解補習班所教的內容。直到一學期快結束，他對我說：

「補習班所教的不是我想要的，我要的是思考。我不是聽不懂補習班老師所教的內容才中止補習，這你是清楚的。請同意我就此打住，我喜歡自己來，喜歡和同學一起討論或向老師請教我關心的部分。」

我當然同意了，弟弟也因哥哥的經驗，一直沒有上補習班。我很欣賞他們自己搞，自己承擔學習的責任。相信大部分的孩子，只要你先指導，然後放手讓他做，信任他，鼓勵他，就能成為勇於承擔的主動者。

主動者的自我功能比較好，他們學會覺察困難在哪裡，尋求調適自己；他們能自己決定事情，有較高的肯定性，他們的耐性和心理健康的水準也值得肯定。

教育子女要重視人格的健全發展，不是一味要求好成績、好名次。許多研究證明，在學成績與後來的成就無關，跟成功人生有關的是承擔的勇氣和責任感。當然，每一個人都有過逃避責任的時候，不過逃避責任一旦成為全面而明顯的生活方式時，人格就變得異常。所以越少試著給孩子承擔責任，孩子的人格發展越差；越疏於指導孩子做事、鼓勵他的信心和興趣，他們承擔責任的勇氣也不容易發展開來。

承受責任是痛苦的，所以承受之後必須有鼓勵。有父母師長的支持，有完成一件事情的成就感，這些心理上的滿足，來自生活的不同層面。父母和師長切忌只重視學業成就，而要鼓勵他們交友、運動、做家事、待人接物，甚至協助父母親工作，這能給孩子很強的滿足感，同時學會承擔責任。

讓你的孩子學習承擔責任，無形中就是給予他機會和未來發展的空間。承擔的容受力越好，越能克服困難，他們的心靈自由也隨之加大，適應能力相對提高。

## 追求真實的態度

真實可能是心智活動中最重要的因素。一般人都能了解，若所蒐集的資訊不正確，得到的答案當然也不正確。於是我們重視如何蒐集正確的資料，檢討思考的過程，驗證所得的結果，我們把這個處理過程和方法叫科學。事實上，有許多人面對正確的答案，卻不肯採取行動；家人皆說那是對的，但他的心理世界則不肯接納它。有不少的人，甚至也知道那是對的，但他不願意接受它，因為他有別的看法或顧慮。你不覺得那些有菸癮的人不也知道抽菸有害嗎？你不也知道作奸犯科的人他們都知道那是歹事嗎？他們有一個共同問題：不肯面對真實。他們養成了一個壞習慣，無視於真實的存在，老想著奇蹟，想著可以矇混過去，想著這樣可以佔一點便宜。他們的心中存在這一種不真實的投機取巧。

父母師長必須教育孩子面對真實；當然，你自己要先做表率才可以。有一位果農對我說了親身經驗的故事。他說身為果農必須誠實，要依指示或說明使用農藥；噴上農藥之後，該幾天採收都得嚴守分際，依規範採取。不過，他有一位鄰居卻不依規範執行，該鄰人敢出售採收的水果，自己卻不敢食用。鄰人幾次使喚孩子來向他買水果，他於是問孩子：「你家今天不也採收嗎？為什麼還要來買果子？」

「有是有的，可是姊姊從台北回來，自己要吃；爸爸認為你們家的果子農藥灑得少，比較安全。」孩子很自然的說。

老農備了一簍果子交給孩子，並告訴孩子水果中還有農藥的殘毒。孩子回家照實轉告，鄰居急著到老農家理論。他一踏進門就說：「你的果子也有殘餘農藥嗎？」

老農趁機給了他教訓：「沒有，我到採收期根本就不灑農藥，所以色澤顆粒都稍差一點。我是說你的果子有殘毒，自己不敢吃，卻要孩子向我買，好給他姊姊吃，這樣會給孩子錯誤的教育，更何況這對消費者很不公平，也很不負責。」

有時我回鄉下去，聽到農民們閒談生活家常，總是趁機告訴他們，「這就是身教，好身教有好子女，壞身教會得壞子嗣，這就叫因果。」我不認為神會處罰人，倒認為父母的身教，直接教會了孩子是否能認清事理，面對真實。因為它們直接影響孩子自我功能的發展。

父母虛偽，愛打腫臉充胖子，孩子跟著裝腔作勢，也染上大頭病，愛面子，喜歡在別人面前誇耀。這些不踏實的性格特質，往往透過社會遺傳，在孩子的性格上表現出來。有些孩子的抱負水準很高，但其能力卻無法實現它；他們似乎很懂事，說得冠冕堂皇，實際上眼高手低，一事無成。這些孩子，很明顯地並沒有生活在真實之中，他們總是被一張誇大不實的地圖誤導。

父母師長經常以不切實際的期待，描述著綺麗的未來，沒有讓孩子從切身生活中去實踐；孩子想得天花亂墜，實際上，手無縛雞之實力。這是許多逃避性心理疾病的根源，這些人心理上常存在著一種矛盾：我不是省油的燈，我要拚給別人看；但一夜睡醒，又覺得自已辦不到。他們想了許多不切實際的點子，唯一能做的都是投機，看看能否一舉成名，於是作奸犯科的事就出現了。

在傳統的教育觀念中，父母師長總是教孩子「胸懷大志」。我覺得大志如果與現行的功利價值觀念結合，就會成為一種強大的野心。請注意，野心是一個人誤入歧途的根源。因此，我們寧可步步踏實，從真實中成長，千萬不要鼓勵孩子好高騖遠。

真實的身教，也代表著務實的生活。你要學會知足，用喜悅知足的態度對待孩子；無論他的表現如何，你都不會輕視他。你要做的事是：在現實中如何成長，而不是抱著不切實際的目標來貶抑孩子的豪氣。

每一個孩子能力不同，興趣和性向互異，父母師長必須面對這些真實，協助他們走出不同的路，各依他們的程度，給予適當的指導和支持，這才是真實的教育。心理學家施維爾（L. Swell）強調說：「你之所以為你是好的，我之所以為我也是好的，你是你，我是我，我們不能拿來比較。」這是生命的真諦，也是生活的真理。因此，你不能拿孩子跟別人比較，比較的結果就會失去自己的真實，其最後結果總是他的真實和天賦被扭曲。提供孩子多方面嘗試的機會，它能孕育興趣和能力；多給他成功的經驗，這能鼓舞他持續努力和克服困難的勇氣；多欣賞他的成就，他必會找出自己的路。施維爾把人的性向和興趣區分為七種價值傾向：

1. 美感的價值：他們適合藝術、服飾、美容、美術、建築設計。
2. 人道的價值：適合做社會工作、助人、慈善、教育等類型的事。
3. 智慧的價值：他們適合研究、學術、創作、教育等工作。
4. 經濟的價值：他們對於經營、企管、市場和營利事業最為適合。
5. 權力的價值：他們適合從政、服務人群、管理眾人的事等工作。
6. 宗教的價值：他們適合從事宗教傳播或擔任神職人員。
7. 快樂的價值：對於帶給別人快樂的行業如旅行、演藝、遊樂事業等。

人必須對自己真實，尋找適合自己性向的職業發揮，工作起來才會歡喜，並能得心應手。這是生活中最需把握的真理。因此，父母師長不要用功利的眼光左右孩子的生涯，要用務實的態度，鼓勵孩子行行出狀元。

生活上最大的痛苦是所做非所願，人若能了解自己，接納自己，即使是不起眼的工作或小小的職位，仍然會容光煥發。請注意！你若經常拿孩子跟別人比較，用野心來和他講話，孩子就會失去令他容光煥發的幸福。

父母親為了讓孩子好好讀書，嚴肅地對孩子耳提面命：「不好好讀書，將來只好去當工人！」「不知道用功，只能去當一個售貨員！」像這樣的說法，完全混淆了生涯的價值觀念。假使孩子書沒有念好，走不出父母所謂的功名路，相對地，他們也不會喜歡工作，而變成游手好閒的廢人。

人越是不接觸真實的生活，社會適應也就越差。有一位父親向我抱怨說，「我的兒子已經念了三個博士了，現在還要念第四個博士，還向我要錢讀書。」你知道這位博士為什麼要繼續讀下去嗎？因為他只會讀書，不會真正地去生活。

誠實也是真實的一部分。孩子年紀小的時候，分不清楚彼此的財物，或者一時興起，把別人的玩具或財物帶回家。家人發現了，以為區區小事，何足掛齒，所以沒有把它弄清楚。孩子漸長，特別是有了心理壓力之後，就很容易掠取偷竊，來滿足佔有的快感。尤其是強迫性的偷竊，他們總有一個弱點機緣：他們在小的時候曾經有過順手牽羊的快感。因此，當你看到孩子順手拿了人家東西回來時，你要作正確的回應：「我知道你不小心把別人的玩具帶回來了，別人會認為你偷了東西，這是不當的行為。所以我陪你一起把東西還給隔壁的小華。」你帶著他把東西還給鄰居，並教他表示歉意。你用不著體罰打罵，只要你這麼做，很快就能消除幼童的偷竊行為。

家裡的金錢應仔細盤點，孩子稍大要叮嚀孩子，「如果你需要用錢，一定要向父母拿，不可以從媽媽的皮包或爸爸的口袋中直接取用。」如果發生偷錢的事，要清楚地告誡，不准他再犯。孩子小的時候容易糾正，大了以後心理需求複雜，那時想要矯正偷竊，難度就增加了。

最後，我們要討論一個心理藍圖的問題。每一個人的心理世界，都有一張藍圖，它指引人過生活。如果這張藍圖不夠真實，甚至有許多錯誤，那人的生活就會有許多衝突和挫敗。比如說，你用自己的生活經驗，來教育孩子適應未來的生活，不但容易跟孩子衝突，即使孩子全盤照收，也會造成他日後無法適應現實生活的難題。

所以父母師長必須了解社會變遷，知曉新一代人的生活上真實現象，才有能力協助他們適應現實社會。另一方面，父母親也要認清，孩子與自己是不同的個體，你不能把自己沒有完成的願望，投注在孩子的身上，讓孩子變成你的實現者，這會造成孩子的自我衝突。孩子注定要走自己的路，他需要認識自己，根據自己的人生素材，去實現其真實的人生。

成人也會把自己的害怕和不安，透過生活互動，傳遞給孩子。自己有過吃虧的經驗，雖然已經事過境遷，但還是耿耿於懷，經常拿來教誡孩子，形成孩子高度的防衛性。這對於孩子的心理衛生必有妨礙。

給孩子真實的生活體驗，避免虛幻不實的怪力亂神；教孩子把事情弄清楚，從中設法解決問題，而不是囫圇吞棗，教給他附和、迷信和懼怕。

懼怕使人逃避現實，你教給孩子越多懼怕，他的焦慮性格越容易滋長；同時，懼怕也是壓抑創造力和勇於嘗試的主要障礙。有效的克服方法是把事理弄清楚，這使孩子的理性得以正常的發展。所以建議你：

1. 不要說假話，保持真實，這是最好的教育。
2. 不要因自己的需要或討人喜歡等因素，而扭曲真實。
3. 幫助孩子解決問題，不能責罵他的錯誤，而是透過真實來澄清觀念，尋找正確的答案。
4. 真實的生活態度，是從信賴中建立起來的；如果你經常責罰孩子，孩子會變得不真實。

真實使孩子免除許多虛偽的心機，它是人類精神生活的至高規準，同時也是人類智慧和文明的基礎。《中庸》上說：

唯天下至誠為能盡其性，
能盡其性則能盡人之性，
能盡人之性則能盡物之性，
能盡物之性則可以贊天地之化育，
能贊天地之化育則可以與天地參矣。

所謂的至誠就是真實。只有真實，才有莊嚴的人性和健康的人格；唯有真實，才能發展科學，提升文明；也唯有真實，才能孕育高層的精神生活。發展自我功能，要從真實、把事情弄清楚中開始；虛偽、諂媚和野心，對孩子的自我功能絕對有害。

## 知所取捨

人活著一生，要面對一連串的抉擇，它左右生活的方向，決定事業的成敗，其關鍵乃在於自我功能的強弱。孩子從抉擇的經驗中發展取捨的能力，當然他的取捨能力也會影響他的前途。

取捨包含選擇所需和割捨不當兩個部分，因此，認識自己所需和勇於割捨不當，是發展這項自我功能的核心課題。統計分析中發現犯罪的青少年，有一半以上是家庭因素，有三分之一的人是由於好奇和不知法律的規定。其實，就實際輔導個案的了解，孩子們不知道自己真正需要什麼，以致不能婉拒參加歹事，這才是真正的原因。

覺察自己真正的需要和選擇滿足需要的方式，是防止孩子產生偏差行為或心理症狀的重要關鍵。孩子功課跟不上，他所需要的是改進學習方法，增加練習時間，設法排除學習的障礙。這時，如果父母採取責備和體罰，而未協助他解決問題，孩子會把需要轉移到逃避受責罰上。其結果所造成如逃家、逃學等行為，不但不能改善成績，反而衍生偏差行為；於是責罰又增加，頑劣的行為也增加。最後，你會發現孩子好像學壞了，對於是非善惡毫不在意，然後很生氣地罵，「這孩子不學好，不知取捨。」

父母和師長必須教孩子認清自己的需要，學會自問「這樣做對我有利嗎？」「這樣做能實現我的需要嗎？」如果父母在生活中經常有這種省問，孩子必能學會取捨。

他們不會嘔氣、賭氣、負氣，而採取務實的作法。但這樣的能力，必須由父母親以身教做給孩子看。

我發現如果父母親經常衝突，而且採取抬槓、賭氣、報復、大打出手、離家等行為，孩子的思考很快就會被弄亂，因為父母們沒有面對真實，也沒有解決問題，他們沒有把需要理清，更沒有針對需要去回應，這是愚蠢至極的身教。有人以為單親家庭的孩子容易出問題，其實不然，雙親俱在的孩子也一樣；只要父母給的是壞身教，把孩子的取捨思考弄亂，就會產生偏差行為。

當雙親有一方生氣時，另一方要能沉著，把對方安撫下來，聆聽其心聲，了解其需要，設法協助找出問題解決之道。孩子看到雙親的正確互動，可學會割捨「無理取鬧」的作法，認清需要並對需要作正確回應。肯割捨衝動，才會有解決問題的能力；肯針對需要和問題作正確回應，才會有正常的心智運作。《中庸》上說：

喜怒哀樂之未發謂之中，

發而皆中節謂之和，
中也者，天下之大本也，
和也者，天下之達道也。
致中和，
天地位焉，萬物育焉。

所謂發就是需要，所謂中節就是適當解決問題而得到滿足，這就是健康人格和維持心靈平衡的道理。人的欲望是無窮盡的，身為父母師長，對孩子期望很多，但不能任由期望指使你對待孩子的態度；必須斟酌它是否合理，要把不當的期望割捨才行。

我們曾經對孩子的期望作過割捨，在他們進國小時共同決定：

「對孩子的期望不能建立在成績上，應該建立在學習的態度和能力上。目標是成績，孩子很容易挫折；目標是學習能力和主動態度的培養，就能讓孩子對學習發生興趣。我們要把追求好成績割捨掉才行。

「其次，我們期望孩子完成學業。不過，若孩子不能走得順利，則必須割捨升學的期望，要培養其多方面的適應能力，注意品行與興趣的發展。」

我們割捨對子女前途的野心，反倒讓親子之間存在著許多喜悅、愛和學習的樂趣。多年來，我們未曾為孩子的成績操心，只是重視孩子生活和學習能力的培養；家人分享生活情趣，交換學習心得，互相鼓勵支持。我發現割捨了對成績的執著，卻成長出許多新的能力和樂趣。

割捨使我們保持平衡。父母師長必須懂得透過身教，教會孩子作割捨。父母親深夜還在打牌玩麻將，顯然不知道什麼是割捨。在公寓住宅，不願考慮別人的安寧，為了自己娛樂或方便，長期干擾別人而不肯改正，也是不懂得割捨。生活習慣不好，耽於安逸而不肯運動，也是不肯割捨。動不動就責罵家人，大聲咆哮，沒有節制，也是不肯割捨。不肯割捨而讓壞習慣繼續存在，長此以往，那些壞習慣會成為壞身教，而影響孩子的成長和學習。

割捨舊的想法和對舊習的依賴，使一個人肯學習新知，增進其心智的成長；割捨完美的期許，會讓自己更有活力去創造；割捨孤僻、自私、冷漠，會使一個人發展愛人和良好的人際能力。父母師長都有檢討和改進的行動，革除陋習，孩子就能學會避免錯誤、勇於改進的能力。

割捨是維持創造、成長和平衡的生活藝術。在孩子的成長過程中，我提醒他們讀書不要開夜車，告訴他們，「今晚不肯割捨，繼續開夜車，明天效率就會下降；不割捨就得不到平衡。」當然，你也要做為表率。

你喜歡的玩樂，要懂得適可而止，孩子就從中學會把握分寸，有所節制。有些事是無從改進的，你必須設法包容，包容就是割捨。父母親在生活中的細瑣事情，表現出良好的割捨能力，孩子自然發展成裁奪取捨的習慣。

總之，孩子的自我功能是從父母師長的生活中學來的。自我功能越好，越能適應複雜多變的現代生活；也越能保持心理健康，維持良好的生活品質。為了促進孩子自我功能的發展，父母師長的身教，要重視延緩報償能力的陶冶、學習承擔責任，要養成面對真實的態度和學會割捨，維持成長與平衡。

# 9

# 保持良好的情緒習慣

性情柔，興致高，
晴朗心頭事事好；
壓力少，創意好，
成功時機比人早。
不憂愁，
學樂觀，
身心矯健
疾病少。

情緒習慣是自我功能的一部分，它是解決問題和適應能力的基礎；好的情緒習慣有助於思考、創造和學習。人的情緒影響抉擇和判斷，同時，情緒本身就是生活品質的指標。情緒不好的人，活得不快樂，緊張、焦慮在折磨他，憂愁沮喪在纏縛他；即使有再好的能力，也不容易施展開來。你關心孩子的未來，就得重視孩子的情緒。

父母親的情緒生活，當然影響孩子的情緒發展。不安、衝動、憤怒會直接對孩子構成威脅，損害孩子的安全感；沮喪、多愁善感，甚至是冷漠，對子女形成的壓力亦大。別以為你並沒有給孩子壓力，父母情緒不安對子女所構成的壓力，並不比強制孩子有好成績來得小。

情緒習慣好的人，樂觀進取，比較容易跟別人合作相處，也比較懂得自處之道。他是一個既能與別人互動，又能安於獨處、耐得住寂寞的人；他們達觀，心靈上比較安適，也能承受工作的壓力和挫折。有些人情緒管理較差，遭遇困難就會憂心如焚，感到絕望，常讓情緒把自己活活壓垮。人之所以會自殺、失去鬥志和憤世嫉俗，都因於情緒。所以儒家說：「持其志，勿暴其氣。」

人時時刻刻都在回應周遭的環境刺激，有行動就有思想，緊跟著就有感受和生理上的變化。這幾個因素根本分不開來。心理學家威廉・葛拉塞（William Glasser）把這種現象稱為統合行為。比如說，你用責備的口吻對孩子說話，這是你的主動性行為；你心裡一定想著令你擔憂的事，如孩子的功課沒有及時做完；接著你會感覺到憤怒或焦慮；然後生理狀況跟著起變化，這時心跳加速、血壓增高等等。對於人的感受這個部分，就是情緒的來源。人的任何行動都同時有情緒相伴。這四個因素是互相影響的；情緒影響行動、思考和生理，當然行動、思考和生理也影響著情緒。

當我們與人發生利害衝突時，如果採取退卻的行動，暗自療傷，不敢挺身以對，那麼沮喪的心情就會襲上心頭，情緒就會越來越鬱卒。相反的，若採取主動出擊，設法研究對策，解決問題，那麼情緒也跟著振作起來，不會被壓力打垮。因此，父母親平常所表現的統合行為，影響孩子情緒生活甚深。

人的情緒生活，是從日常中學習得來的，特別是父母師長的生活表現，其影響之深令人驚訝。我觀察過怨偶家庭的子女，孩子情緒生活紊亂、衝動，甚至失去對別人的體諒，這是因為父母的衝突，使子女有著惡劣的感受。最後，他把那慘痛的感受排除到意識世界之外，這些孩子變得沒有同情心，缺乏友善，他們可以恣意攻擊別人而毫無悔意。

如果父母是仁風義懷，對孩子們嚴格中有慈祥，指正孩子情緒不失安定溫和的家庭，他們的孩子都比較樂觀；尤其是家庭有笑聲、有快樂的孩子，他們的父母較能看出生活中的美妙和人的優點，生活中有較多的情趣和喜樂，那些孩子的情緒也顯得安定成熟。

孩子的情緒生活，需要父母的指導；特別是到了青少年階段，他們容易暴躁、患得患失，表現出較不穩定的情狀。但情緒生活較好的家庭，能了解孩子的情緒狀況，給他的關懷和支持較多，克服這段起伏所需的時間也較短。

## 壓力和情緒

生活在自由開放的社會，價值是多元的，世事是紛繁的；忙碌、競爭和不停的追求成長，無論是人際的衝突，或者生活的變化都很大，當然，每一個人的壓力也比過去任何時代更為繁重。於是情緒管理成為重要的課題。情緒調理得好，適應現代生活的能力就強；情緒調理得差，生活適應也會出問題。因此，孩子的情緒教育，是他未來成功生活的關鍵。

人承受壓力的大小因人而異，面臨同一件事情，甲覺得游刃有餘，乙可能覺得吃重得透不過氣來，所以每一個人能承受的挑戰不一樣。不過，人活著一天，就一定會有壓力，它同時也是促進一個人努力和進步的驅動力。我們必須注意的是：人能承受的壓力有一定的限度，如果壓力超過其能承受的範圍，每增加一些壓力，效率就會遞減；如果壓力繼續增加，效率就銳減更多，甚至產生心理疾病或精神崩潰。

心理壓力的大小，可以用承受負載和自我功能的比值來表達。簡單的說，心理壓力，是用人的生活負載除以他的自我功能而得來。也就是說，一個自我功能強的人，即使碰到很大的負載，其所感受的壓力還是不會很大；一個自我功能差的人，即使遭遇小小的挑戰，也會讓他感覺消受不起的壓力。這說明了為什麼有些人受到一點挫折，就會面臨精神崩潰，甚至痛苦得想要尋短的原因。

當然，壓力大時自我功能就跟著差，情緒狀況也跟著一蹶不振，於是就有了天要塌下來的感覺。所以，個人的情緒狀況與壓力息息相關。壓力大，情緒變得不好；情緒差，壓力也就提高，兩者互為循環，坑埋掉許多人的幸福。它影響生活情趣，反映健康的狀況，更是工作效率的關鍵性因素。父母師長必須知道這個道理，提供這方面的身教。

情緒是一種習慣。情緒習慣好，樂觀積極，對未來抱著希望；情緒習慣差，經常焦慮不安，工作效率和生活品質也就壞下來。因此，改變壞的情緒習慣，是教育子女的要務；而這件工作的核心是，先建立父母和師長的良好情緒習慣。特別是父母親的壞情緒來時，要知所節制，懂得管理，讓自己的情緒管理，成為孩子的好榜樣。

依我的觀察，人承受高壓力時，最容易出現的是憤怒、性急、緊張、厭倦和沮喪等情緒。如果父母能管理這些情緒，作為與孩子相處的憑藉，那麼孩子的情緒習慣也會受到好的影響。

## 管理憤怒

當人承受的壓力大到一定程度，最容易出現的情緒就是憤怒。這時如果稍稍碰到一點不如意的事，例如孩子表現不如己意，或者觸犯了規矩，承壓過大的父母往往會突然失去耐性，大發雷霆，把孩子狠狠地罵一頓、打一頓或羞辱一頓，這是憤怒情緒的發作。憤怒的情緒，最明顯的特質是失去理性、口不擇言、身不擇行，甚至產生暴力。其實憤怒和暴力是分不開的，即使僅對孩子破口大罵也是一種暴力，它是心理底層中最原始的衝動。

人的理智和冷靜的思考能力，是經過進化、經驗的磨練，最後才產生高級心理素質。人一旦情緒不好，就很容易把這種智能壓抑下去，而潛伏在那兒的野性部分，就會顯露出來。它就像破籠而出的惡虎，很容易傷人，當然也會作不利於自己的行為。暴力既可以往外尋找出路攻擊別人，也會內覓出路而攻擊自己，造成自我傷害。

幼兒在受到挫折時，很自然地會表達憤怒；但父母親如果透過教導，例如當他憤怒時你可以不理他，他知道用憤怒不能解決問題，就會慢慢消除憤怒的習慣。你也可以處罰他，例如只要他發脾氣或不講理，你可以罰他閉門思過，幾次之後，憤怒自然減少。不過，如果父母或師長自己也採取憤怒來發洩或脅迫別人，那麼孩子就會學到後天性的憤怒習慣；它會結合潛伏的野心，造成很難管教的行為舉止。

憤怒的管理方式，往往從家庭生活中學來。孩子是一位客觀的觀察者，當父母衝突時，他清楚地看著大人怎麼處理，怎麼導洩憤怒，往後他也知道怎麼管理憤怒。例如父母有了衝突，彼此面有慍色，有一方說：「現在我很生氣，我不想談下去，等我氣消了再跟你說個明白。」他們就此把衝突打住。等到大家心平氣和，再把事理說明白。

孩子是一位旁觀者，無論是非曲直如何，當他看到父母把憤怒的衝突打住，他就學會了擱置法，將來在處置憤怒時也會這樣管控。

憤怒有時是可以導洩的。比如父母親被孩子的頑皮行為惹毛了，而憤怒起來。這時父母親不是用語言攻擊或辱罵，而是採取敘述性的導洩。他把孩子叫到跟前：「孩子你讓我很生氣，因為你無視於我的叮嚀，故態復萌，讓我覺得很難堪。」

他說的話很短，卻導洩為人父母者的憤怒。孩子也知道父母的憤怒，很快收斂起來，成人的心情也很快好轉。大人在導洩憤怒時，切忌用責罵或羞辱，而要注意以下幾個原則：

1. 對事不對人，把事情說清楚，不要攻擊傷害別人。
2. 說出自己的感受，不要批評對方。
3. 注意言簡意賅，切忌冗長的講話。
4. 注意語言和態度的平和。

事情在說過以後，會覺得好受些，你就能恢復平靜；孩子從中學到的，卻是非常寶貴的情緒管理能力。

有一次我責備孩子，也許我並不完全了解狀況，弄得他也光火了，頂撞之情溢於言表。當時，我知道那是情緒發作，我即刻閉嘴走開，回到書房。過不到兩個小時，他走到我的書房，笑著對我說：「老爸！我為剛剛的憤怒態度表示歉意，請原諒。」

我說：

「孩子！情緒誰都會有，但要學習管理。生氣是常有的情緒，你要學習管理，避免它成為強烈的攻擊性。這件事不是一兩天學得來，以後還會再犯，不過我願意幫助你學會如何管理它。只要你能在二十歲以前學會它，你就是很成功的人。你若能夠把生氣化作豪氣，那才是真正的高招。無論如何，我很欣賞你能回過頭來向我道歉。」

我不曾在孩子憤怒時火上加油，家裡的人也不會在生氣時多說一句話；我們可以生氣，生氣時也可以讓對方知道，但我們可以不發火，不激化它成為一種暴戾之氣。有這樣的管理系統，生氣不會持久，生氣很快就可以過去。我相信生氣是不能免的，它同時也是表達原則、堅持正義時的一種方式，但要管理得當。管理得當就成為一個人的豪氣，你不曾聽說過「文王一怒而安天下」嗎？這種正義的豪氣，是經過洗練的，它是一種智力，而不是原始的憤怒。

父母和師長在憤怒時，不宜繼續處理孩子的衝突事件，那會擴大衝突，甚至動手施暴，一發不可收拾。許多親子或師生衝突事件，造成嚴重的暴力，是因為不懂得擱置的緣故。茲歸納擱置憤怒的原則如次：

1. 閉上嘴巴，告訴自己改天找時間再談，然後走開。
2. 到書房去冷靜自己，把憤怒的情緒和事件關在門外。
3. 如果你一時不能離開現場，要像逃進散兵坑一樣躲一會兒再說。
4. 透過信仰的力量，告訴自己我正在努力完成一項修行，這項修行就是克制自己。

父母和師長若能以身作則，學會控制憤怒的情緒，親子的衝突自然減少，這就是愛的教育，同時也教會孩子有效地處理激動的情緒。這不但有益於孩子的身心健康，更是教會他受益無窮的人生法寶。

## 處理急躁

急躁是壓力持續存在的表示，它的特色是心靜不下來，任何事都想很快擺平，越快越好；沒有耐性處理問題，很容易衝動。急性子的父母，會不自覺地催促孩子，顯得不耐煩。他只看孩子的成果，沒有耐性一步一步地教孩子。

性急的父母師長，往往來不及弄清事理曲直，處罰或獎賞已經做出來；特別是強烈的處罰，往往使孩子覺得委屈。孩子稍大，親子之間很容易衝突，彼此的人際關係疏離。性急的人最常有的行為表現是：

1. 稍不如意就心亂如麻。
2. 不屑與人閒談，他們耐不住悠閒。
3. 對於一般的生活情趣，會覺得俗不可耐。
4. 未完成的事令他侷促難安。
5. 容易被激怒。

6.等候時覺得焦灼難安。

如果你常犯這些錯誤，則照顧子女的品質就會大打折扣。急性子的人愛破口大罵，直接批評，所以孩子的信心會受到影響。

如果你是急性子，孩子將來也好不到哪裡去；其行事風格都是快而猛，不能深思，看起來像很有魄力，實際上多所疏忽。此外，急躁的人健康容易受損，尤其特別容易罹患心臟病；根據研究顯示，六十歲以前罹患心臟病的人，大多是性急的人。

你想讓孩子學你做一個性急的人嗎？當然不想。那麼你必須學習控制性急，學習安頓自己的身心。佛陀屢次對弟子說：請注意那一頭狼，牠跑來跑去，衝出草叢又鑽進矮灌木林，一會兒在地上打滾，一會兒在樹枝上摩擦。你知道為什麼嗎？牠長了癬疾，通身在發癢；人的心如果不安就像牠一樣。其實，性急的人也一樣。

父母師長的生活要保持緩和穩重的步調，這是對孩子最好的示範，也是對孩子的恩賜，讓孩子願意和你交談，建立溫暖的氣氛。如果你想改進性急，以下幾個方式不妨試試：

1. 多預留一點時間，不要急呼呼地對孩子說話；心裡要先有準備，孩子需要耐性陪他。
2. 對孩子失去耐性時，不妨起身休息幾分鐘，抽空哼首曲子，緩和後再指導孩子。
3. 家庭生活要保持樂觀和歡笑，有笑聲、有幽默，就不容易急躁發飆。
4. 給自己訂一個適當的作息時間表，割捨過多的負擔，這有益於緩和性急；忙是急躁的原因。
5. 跟孩子約定互相提醒；但要注意態度婉轉。

性急是可以安撫控制的。常常提醒自己，照上述的原則去做，必然會有收穫。其實，大部分的人都會急躁，只是有人頻率高，有人頻率低。只要你加以控制，就會發現生活的情趣增加，人際的衝突減少。

## 消除緊張

人際互動可以傳遞緊張。父母師長生活緊張，語言、語調、表情和姿勢都會傳遞緊張。父母親發生爭吵，他們身上都帶著緊張，孩子會噤若寒蟬。緊張也可能來自工作壓力、忙碌、競爭和追求工作效率，特別是功利價值傾向的社會，緊張是大部分人所不能避免的。

緊張對人的身心傷害很大，尤其對免疫力影響殊大。因此，許多國家把消除緊張列為國民教育的教學內容。心情緊張，肌肉就跟著繃緊，手心發汗，血液的化學失衡隨即出現。長期緊張的人，容易感冒，身體的抵抗力差。因此，對於現代人而言，消除緊張成為教育上重要的課題。

父母親帶著緊張的心情跟孩子相處，孩子很快就感受到氣氛不對；以緊張的心情抱著孩子，孩子也會跟著浮躁起來。其實，許多夜哭的嬰幼兒，父母親越緊張、越擔心，孩子也越不安寧；如果父母親心境平靜，表情柔和，孩子比較容易悠然入睡。因此，父母師長能保持好心情，對孩子的身心發展是有利的。孔子悠閒的家居生活是：「子之燕居；申申如也，夭夭如也。」孔子閒居時容態舒適寬泰，神情愉悅自然。如果你能保持這個態度，對於子女的情緒生活，必有正面的影響。我認為父母師長能保持舒泰，就能培養孩子恬靜、專注和對人的友愛。

緊張的氣氛容易干擾孩子，產生不安和壓力；因此，父母師長必須懂得緊張消除技術，並透過身教，教給孩子安靜自己的能力。首先，父母師長要養成運動的習慣，帶著孩子一起運動，培養喜歡運動和天天運動的習慣。

我們這一代生長在農業社會，幾乎天天要操作農事，運動多、體能夠，即使在學校運動的機會不多，還是身健體壯，體能和精神普遍都好。現代的孩子，如果父母不注意其體能的培養，從不陪他做各類運動，體能及學習都會受到影響。特別是幼兒及幼童，若活動不足或環境局限其活動力，在發展上都會有負面影響。現在感覺統合失調的孩子增加，顯然與運動不足有關。

經常帶著孩子運動，如散步、慢跑、爬山、打球、游泳、騎腳踏車等等，對孩子益處很多。研究告訴我們，運動除了對身體健康、培養體能有積極價值外，對於情緒亦有下列作用：

1.促使一個人精神振作。
2.它能令人放鬆，減低焦慮及產生鎮定作用。
3.淡化人的敵意，打開人的心胸。
4.增進對自己的信心，引發愉快的情緒。
5.促進一個人清醒，提高即刻記憶的能力。

此外，養成運動習慣的人，通常心境比較開濶，在工作和生活的品質上有較好的表現。美國維吉尼亞大學的布朗教授，曾經把一〇一位沮喪憂鬱的學生，分成運動與不運動兩組做實驗。十週之後，發現運動組的症狀有明顯的改善。

多帶動孩子們一起運動吧！這對孩子的身心、未來的人生發展和心境，甚至適應能力、際遇都有好處。請注意！運動要適當，要配合愉快的心境，保持輕鬆，這對於身心的正面影響殊大。請不要用高壓的方式強制孩子運動，而要採取漸進、自然之中養成，所以父母師長必須自己肯養成好的運動習慣。

其次，父母師長可以教孩子緊張消除技術或肌肉鬆弛技術。這是一種靜態的心理活動，對於紓解緊張和壓力，具快速效果。它的原理是：人的身心是相互牽動的，當心理承受壓力大時，肌肉也跟著繃緊，身體處於要動員的狀態；相對的，當身體肌肉繃緊時，心理也跟著緊張起來。

人處於忙碌、競爭和緊張的生活情境中，肌肉就會繃緊。由於心理緊張的關係，常在還沒有工作或比賽前，就已經緊張得肌肉緊繃，甚至影響臨場表現。有時因為不放心，回到家裡或已事過境遷，仍然耿耿於懷，無形中肌肉還是緊繃著，造成緊張。因為身心會相互影響，進一步可能造成心理生活的困擾或不得安眠。為了消除緊張，必須學會肌肉鬆弛技術，而這項技術是國中、小學生都能學得來的。

學習的步驟是先說明上述原理，其次是體會肌肉鬆弛的經驗。告訴他，「你在爬樓梯、登山或半蹲時，腿的肌肉會不會痠？」不妨讓學習者半蹲約一兩分鐘，讓他實際體驗大腿的肌肉繃緊和痠縮之感。然後請他坐下來，再問他，「現在感覺到肌肉放鬆的舒服了嗎？」他告訴你，「舒服！」就進一步為他解釋，「把這個鬆弛感，透過心意想像，讓身體的任何一塊肌肉，感受到鬆弛。比如說，可以讓腳掌覺得鬆弛，試試看！」當孩子試著讓自己的腳掌放鬆時，告訴他，「想著你的腳掌有輕鬆和溫暖的感覺，好像一條條肌肉纖維都鬆弛下來，連血管也放鬆，血液流通得舒暢，覺得舒服。」孩子做到了，表示他學會如何用心意暗示，讓自己的肌肉鬆弛下來。

現在可以讓他躺在床上，或坐在椅子、沙發上，帶著他一起做，「孩子！想像自己現在就躺在或坐在一個很舒服，空氣清新、環境安靜的地方。把眼睛自然輕鬆的閉起來，讓身體保持舒適。想像你的腳趾放鬆的感覺，讓它放鬆，你要覺得輕鬆、舒泰、溫暖的感覺。」接著，教他全身放鬆，從腳掌開始，感受放鬆的感覺；腳掌放鬆了，就輪到腳踝、小腿、大腿、臀部、小腹、腰部、背部、腹部、胸部、肩部、手臂、手肘、手腕、手掌、手指，一步步做下去。接著做頸部、口舌、食道、胃腸、五腑內臟，再回到口舌、兩頰、五官、頭顱，逐步擴大至全身的放鬆。

過程當中，指導者適時提示說：「請做深呼吸，吸進來的是澄澈清涼的空氣，吐出去的是身上淤積的廢氣。現在！連你的皮膚毛孔也都輕鬆地呼吸；吸進來的是澄澈的空氣，吐出去的是淤積在身體的廢氣。」

當孩子全身都放鬆時，可以適時提示：「你做到了，放鬆你的全身，你的心跳血壓平穩，你的心肺功能也舒緩正常，你的全身都得到適當的調節和舒泰。」孩子很容易就鬆弛，有的很快就入睡。在練習時，可以讓他享受三分鐘的舒泰，再喚醒他（如果你自己在睡前做，就可以輕鬆地睡到天亮）。

喚醒他的提示是：「孩子！我要喚醒你，因為你睡著了。我數三時，你要清楚地想著正跟我做鬆弛技術，是在客廳裡（提示他當時做鬆弛技術的地方）。我數二時，你要準備起身。我數一時，你要張開眼睛，看著我的手指（你可以豎起手指讓他注視，這是把注意力喚回來的方法）。」然後你緩慢地數三——二——一，把孩子喚醒過來。

在做鬆弛技術之前，要把全部過程解釋清楚。為了正確起見，父母師長應先自己學會，再教孩子，可以向熟悉這項技術的專家或學校輔導教師請教。

此外，有些中國傳統的運動，例如太極拳、氣功等等，對孩子身體和心情的調理，也都有幫助，學校若能安排學習，將使孩子身心發展受益很多。父母師長能帶動他們一起學習，必有很好的收穫。

## 排遣厭倦

長期的工作或生活壓力會令人覺得厭倦，如果你會排遣厭倦，懂得休閒，就能保持活力，維持工作的效率。因此，人既需努力工作，同時也要懂得休閒，就像彈簧一樣，必須保持有伸有縮，否則就會疲乏。

父母師長的工作態度，影響孩子很大。你無所事事，孩子跟著懵懂過日子；你游手好閒，孩子也就荒蕪學業。不過，如果你像工作狂一樣，家庭生活一點情趣都沒有，孩子的情緒發展也會受到影響。

孩子壓力的來源，通常來自父母。凡事在意的父母，容易給孩子壓力，長此以往，孩子對學習會覺得乏味厭倦。許多孩子不喜歡學習，是由於大人給他的心理壓力太大所致。有一位父親告訴我：「我並沒有給孩子壓力，為何孩子會厭倦學習呢？」我告訴他說：「如果你把焦點放在一件事情上，壓力就會很大；如果你很自然地開拓生活的領域，給他各種嘗試機會，他的視野打開了，培養的興趣多了，就不會陷入狹隘的生活經驗之中。生活的經驗越狹小，產生厭倦的可能性越大。」

所以，父母要有多方面的興趣，帶領兒童多做嘗試，並開拓孩子的興趣，能預防將來在生活中產生厭倦。人的一生需要許多調劑，旅行、娛樂、休閒、運動等等，都需要正當的安排。父母如果不注意這方面的身教，只讓孩子一味讀書，即使順利讀完大學，他的活力也顯得不足。依我的觀察，情緒生活較差的大學生，通常他們的興趣都沒有發展出來；他們唯一的興趣就是讀書。事實上，他所謂的「讀書興趣」也不是建立在對求知的喜歡，而是一種強迫性的態度。這樣的人，在他未來的人生較容易失去幹勁和樂觀。

其次，人的厭倦來自缺乏友誼。從觀察中發現，那些沮喪沒有生機的人，通常很少朋友，即使在工作環境中的夥伴，也很少跟他們交心。這些人從小就不愛交際，當然，也得不到充分的人際支持，一個孤立的人當然會對生活感到厭倦乏味。我發現在少年以前，得到較多人際支持的孩子，後來的情緒生活比較健康。家庭的人際支持、互相關愛，是保障孩子不會厭倦生活的原因。

厭倦與身體健康有關，那些孤獨或疏離的人，較容易罹患慢性疾病，或者身體虛弱；這兩者很容易陷入惡性循環，而不能自拔。卡特和葛理克（Carter & Glick）的研究指出，長期治療的慢性中年病人中，寡居女性是已婚者的三倍，寡居男性是已婚者的八倍，單身者是已婚者的二十一倍。沒有人際支持所產生的寂寞和厭倦，對人的一生影響很深。

人不能等著別人來支持，要主動去跟別人交往。那些願意跟別人來往和肯去幫助別人的人，不但情緒生活較好，身體也比別人健康。由於熱心助人或願意跟別人交往的行為特質，與個人早期的生活經驗有關，因此父母師長不可不重視這個問題。

良好的情緒習慣，不但有益於健康，更能增進個人的思考、創意和判斷。它是生活品質的關鍵，也是現代生活所必需的基本能力。父母師長必須注意培養孩子良好的情緒習慣，更須透過身教的影響力，為孩子奠定良好的基礎。

# 10

# 身教的共通因素

大河——
必先匯集涓涓細流，
大地——
須得包容河海山丘，
大愛——
務須勇於接納負責。
孩子的前程，
奠基在愛和良好身教的恩澤。

世上的父母和師長都愛自己的子女，但為什麼有很多人沒有把子女教好呢？有人說現代人缺乏愛心，有人說社會環境不利於孩子的成長。這種說法我不能苟同；我認為愛心是每一個人都有的，問題是有沒有去實踐。人類的生活環境，不可能全都是好的，設法克服困難才是正途。我們不能把責任推給社會環境，就算了事。我覺得要把孩子教好，除了前面各章所述的要領和方法之外，還要去面對幾個共同課題，那就是：愛需要時間來實踐；教孩子要把準頭拿捏好；注意孩子接觸傳媒的品質；覺察自己的弱點並作改正。茲簡要說明如下。

## 愛需要時間來實踐

生命就是時間，生活就是時間的運用。因此，生命必須以時間創造豐富的生活內容才行，否則就會失去意義，失去活下去的價值。

親子間的「親情生活」需要有時間來互動，親子間的愛需要有時間相處，父母必須有時間教導孩子，孩子才能學會基本生活素材。因此我們可以說：沒有時間相處，就無所謂愛；沒有時間休閒，就難以恢復疲勞；沒有時間學習，心智就難以開展。

就現代人而言，「忙」戕害了親子之情，它把溫馨、安全感和歡樂的生活吞噬。許多孩子由於缺乏大人的陪伴，在心智發展上發生問題，在情緒方面顯得不安，對人缺乏友愛，在人際關係上產生障礙。這些孩子最大的問題是缺乏耐性、專注力和對人的友愛，以致漸走歧路。

愛需要時間來實踐，如果你不肯騰出時間，就等於沒有走過親子之愛的生活，那就是我所謂的生活的荒蕪。這種現象，不但會讓為人父母者產生空虛的感受，更嚴重的是，它會對孩子的精神生活構成空洞化的威脅。

有些人生下孩子，就交給保母養，自己忙著事業，或者貪圖一時安逸，一兩週才去看一次，等孩子大些了才帶回身邊。這種父母疏於接觸孩子的情況，容易造成孩子發展緩慢、不安和缺乏專注的現象。

白天為了工作，有些父母不得不把孩子交給一位有經驗有水準的保母帶，但晚上和假日，要設法帶回家裡。孩子和父母接觸越頻繁，他的心智越豐富；一起說、唱、舞、玩越多，開展出來的理智和感情，都會比較理想。

常被抱著、逗著玩的幼兒，要比吃飽睡、睡飽吃的孩子心智發展上要好得多。即使孩子長大到高中畢業，他們還是需要你。你仔細觀察，孩子們回到家裡，如果父母老是不在家，他們就會不安、浮躁，甚至到外頭尋找樂子來補償。

## 把準頭拿捏好

父母師長當然要教導孩子好的生活習慣，不過許多人對規則拿捏不準。有人失之過鬆，孩子長大了，生活沒有章法；有人失之過嚴，孩子長大後，變得拘泥刻板。最嚴重的是，父母的不安全感，常常投射到孩子身上。

有一次，我在登山途中，遇到一對夫妻向我問路。他們手牽著的幼女，緊張地縮在兩夫妻間說，「你們不可以和陌生人說話！」孩子的神情焦慮，眼神極度不安。在我這位專業工作者的眼裡，實在為她擔心。教育子女保護自己是對的，但是教得太過緊張懼怕，會影響其安全感，這就是我所謂規矩拿捏的問題。

父母為了避免孩子掉落池塘溺水，千叮萬囑恐嚇其不得玩水；為了避免被玩興大的孩子帶壞，警告嚇唬他不能結交愛玩的朋友，結果孩子連運動和交心的玩伴也沒有了。父母師長在無意中教給孩子過多的防衛心態，往往在孩子人格發展上造成負面的影響，這在我的實際諮商工作中屢見不鮮。所謂「過猶不及」正是這個道理。為避免這種現象，我建議：

1. 把事情說清楚，不可含糊籠統的嚇唬孩子。
2. 保持自己情緒安定，避免在緊張焦慮中教導孩子。
3. 生活規矩的要求，注意「大節不踰，小節出入可矣！」
4. 培養孩子自律，他自己就能學會判斷拿捏。

其次，生活在自由開放的社會裡，人不但需要一套良好的生活習慣、思考習慣和情緒習慣，以避免受多元化社會所擾亂，更需要培養判斷和獨立思考。在紀律與自由思考之間，教育孩子可以透過舉例、說明、澄清等方法來達到預期的效果。

## 注意傳媒的品質

自由開放的社會，言論也是自由的。因此，傳播媒體裡什麼都有，舉凡色情、暴力、犯罪樣樣具備，如果你聽任孩子接觸各類傳媒，必然有很多負面的影響。

所以，父母對孩子接觸的傳播媒體應有所了解，甚至採取必要的管制。你有所了解，才能在必要時對孩子作輔導，避免錯誤的資訊誤導孩子。比如青少年的性知識，有一半是來自媒體，他們從色情的媒體中，所得到錯誤觀念，必須有所澄清。

至於管制方面，父母要先自我約束，不可在家裡看不該看的影視節目或錄影帶，更要避免與孩子一起觀賞，因為這對於孩子不但無益，而且容易對孩子煽情。我發現父母生活正常，家庭氣氛融洽的家庭，孩子較少沉迷於色情暴力的影片或書刊。

社會現有的各種傳播媒體對於犯罪、醜聞、暴力，乃至揭露公眾人物的隱私等等，報導誇張，繪聲繪影，幾乎每天所接觸到的，都是些污染孩子心靈的資訊，這是青少年心智發展的隱憂。為人父母者，要維護孩子健全的人格發展，不可不審慎處理。

建議你少看電視，除了看新聞或少數選擇性節目外，狠心把它關掉，孩子們當然也就少受污染。那些低水準的電視劇，只會教錯孩子，不如多陪孩子聊天、讀名著、看有價值的名片。

## 覺察自己的弱點

每一個人都有弱點或缺點，也許是情緒易怒、衝動或憂鬱，這在生活中很容易被孩子拷貝過去，將來孩子也學會相同的行為。也許是馬虎、隨便或缺乏自制，孩子在生活中耳濡目染，也會犯同樣的疏失。

在諮商輔導經驗中，許多人和我談起，為什麼他們會越來越像自己的父親或母親呢？有一位父親不解的說，「我討厭我父親那種不負責、愛罵人的舉止，為什麼現在我也會情不自禁地責罵孩子，甚至衝動得想揍他呢？」我對他解釋，「那是學習來的衝動情緒，你要去覺察它，清楚知道它什麼時候會出現！要在出現之前，告訴自己停止跟孩子說話，走開一會兒，並提醒自己：為了孩子好，一定要改掉它。」

父母師長要覺察自己的錯誤和弱點，改掉它或者時時提醒自己，避免使它擴大負面的效應，而阻礙了孩子的成長。父母無須自責，因為錯誤和弱點人人都有，只要肯檢討覺察，就能避免錯失。

最後，我要祝福你教育子女成功。你能耐心看完這本書，愛護子女之心可感，相信你已從中汲取寶貴的經驗，足以做一位稱職的父母或師長。

國家圖書館出版品預行編目資料

身教：涓涓身教，善盡親職／鄭石岩著. --二版. --臺北市：遠流, 2007〔民96〕
面；　公分. --（大眾心理館鄭石岩作品集. 親職與教育；4）

ISBN 978-957-32-6012-7（平裝）

1.親職教育　2.家庭教育

528.21　　96003066